これが「日本の民主主義」！

池上　彰

集英社文庫

目次

これが「日本の民主主義」！

はじめに――文庫版まえがき

個人も国家も危機に面したとき、本性が現れると言います。二〇二〇年は新型コロナウイルスの感染拡大で、日本という国も危機に瀕し、日本の民主主義のレベルが露呈しました。緊急事態宣言が出されて経済活動は停止。安倍晋三《あべしんぞう》内閣は専門家の意見を聞くことなく全国の小中高校や特別支援学校などの一斉休校を要請し、教育現場は混乱しました。とりわけ小学生の子を持つ働く母親たちにとっては、突然自宅にいることになった子どもの世話をどうするか、パニックになった人も多かったのですが、安倍内閣は、そんな家庭への配慮もないまま突っ走りました。

その安倍総理は、二〇二〇年八月、持病の再発を理由に突如辞意を表明。自民党内部での総裁選挙を経て菅義偉《すがよしひで》総理が誕生しました。国民の意思と無縁のところで総理大臣が決まってしまったのです。

自民党内部での手続きで総理が代わったのであれば、新しい内閣について国民の審判を仰ぐ総選挙をするのが筋なのですが、コロナ禍もあり、選挙のないまま年を越しました。

さらに安倍内閣当時に実施された「桜を見る会」の問題。会の前夜に安倍総理の後援会が開いた懇親会の会費が安かったことから、後援会が差額を補塡していたのではないかという疑惑が国会で追及されましたが、安倍総理は疑惑を全面否定していました。ところが、東京地検特捜部の捜査の結果、後援会の補塡の事実が発覚。後援会が支出した約三〇〇〇万円について政治資金収支報告書に記載されていなかったことがわかり、安倍氏の公設第一秘書が政治資金規正法違反の罪で略式起訴されました。しかし、安倍氏本人は関与を否定し、不起訴になりました。

結果として、安倍氏は総理大臣として国会で虚偽の説明をしたことになります。国会で虚偽の説明をしたということは、国民を欺いたことになります。民主主義社会においては重大な責任が発生する事案ですが、安倍氏は謝罪したものの議員辞職などの行動はとりませんでした。これが日本の民主主義の実態です。

コロナ禍で経済活動が停止したことから、政府は生活困窮者への支援などで莫大《ばくだい》な支出を迫られました。必要な資金は赤字国債の新規発行で賄います。

二〇二〇年三月末時点で日本の借金は一一一四兆円を超えました。これまでに借金返済のチャンスはあったにもかかわらず、選挙のたびにうやむやにされて先送りされ、無駄遣いを真剣に検証することもないまま、さらに借金を重ねてきた結果です。

しかしこれらは、あらゆる決定を行ってきた、もしくは先送りしてきた政治家だけの責任ではありません。投票によって選ばれた彼らを、ちゃんと監視してこなかった国民にも責任があるといえるでしょう。

「景気対策を行います」、「福祉を充実させます」、「増税はしません」。選挙のたびに飛び交う魅力的な言葉。しかし、当選後の彼らの行動に国民が関心を示さなければ、彼らが政党や政治家自身にとって都合のいい判断に傾くのは、しかたがないことかもしれません。

二〇一六年夏から、選挙権の年齢が一八歳まで引き下げられました。世界では一八歳からの選挙権が常識。二〇歳からという日本の制度は、世界では少数派でした。それだけ日本では若者を子ども扱いしていたということでしょう。

その結果、「シルバー民主主義」なる言葉が生まれました。「シルバー」、つまり「高齢者のための民主主義」の意です。超高齢者社会の日本では高齢者の数が多く、しかも多くが投票に行くため、政治家に強い影響力を持つようになります。

一方、若者の数は高齢者に比べて少ない上、そもそも投票率が低い状態が続いています。政治家も人の子。自分に投票してくれそうな人たちのための政策を考えがちになります。

二〇一六年春、「保育園落ちた日本死ね!!!」というネットへの投稿の文章が社会を揺るがしました。日本の保育行政が遅れていることを痛烈に批判したものでした。

若い世代の数は少なく、幼児期の子育ての期間は、けっして長くはない。いずれ人は老い、年金が心配になります。ならば保育にお金をかけるより、年金や高齢者医療にお金を注ぎ込んだほうが、選挙対策としては効果的。こんな状態が続いていれば、子育ては難しくなり、日本の少子化は止まりません。日本は緩やかに衰退の道を辿《たど》ります。


戦後、大きく変わった日本の政治。国民は、「民主主義」なるものをアメリカから与えられたものの、十分に理解しないまま、次第に自己流の「民主主義」をつくり出していきます。その積み重ねの歴史の上に、いまがあります。政治はつねに前進しなくてはなりません。ときに国民の目が近いところに向いていれば、遠くを見渡す判断が必要です。国民の目をわざわざ近くに向けて、コントロールしていると思い込むような政治は不幸をもたらします。

遅ればせながら一八歳からの選挙権が認められたことは、政治を変えるチャンスにもなりえます。若い有権者の数を増やし、その若者たちが投票に行くようになれば、政治家は若者を無視できなくなります。子育ての悩みにも耳を傾けようというものです。

そして、政治を変えるには、まず過去を知ることが重要です。過去を知り、問題点も理解した上で、今後のことを考えましょう。この本が、そのために役立つことを願っています。

この本では、一般的な通史での形式はやめ、安保法制や食の問題、原発政策、税制、メディアなど、テーマごとに政治の変遷を辿ることにしました。これらのテーマから戦後の日本の政治をふり返って見ることで、「日本の民主主義」の姿を知り、あらためて「民主主義」を考えるきっかけになるのではないかと考えたからです。ここに至るまで、どんな出来事があったのか。テーマごとに違った日本が見えてくるはずです。

第一章

日米安保条約から安保関連法まで

「戦争ができない国にする」

一九四五年、太平洋戦争は日本の無条件降伏で終結し、日本は連合国の占領下に置かれました。ここから戦後の日本の歩みが始まります。

連合国軍総司令部（ＧＨＱ）の最高司令官であったダグラス・マッカーサーは、総理大臣の幣原《しではら》喜重郎《きじゅうろう》に対し、「憲法の自由主義化」を求め、憲法の改正を指示します。日本を相手に戦って大きな被害を出した連合国は、日本が二度と戦争を仕掛けてこない国にしようと考えました。そのために、「国のかたち」を変えようとしたのです。それが、憲法改正でした。

これを受けて、日本側に「憲法問題調査委員会」が設置され、憲法改正案がつくられていきます。ここで、この委員会の名称に注目です。「調査委員会」であって、「憲法改正委員会」ではありませんでした。日本側には、憲法の抜本的な改正をするつもりはなく、「ＧＨＱから指示されたから、何が問題か検討してみよう」という程度の認識しかなかったのです。

ところが翌年の一九四六年二月一日、毎日新聞によって「憲法問題調査委員会の試案」というものがスクープされます。ここに発表された「試案」は実際に作成中だった改正案ではありませんでしたが、ほぼ同様の内容でした。この報道により、日本側が検討中の内容は、マッカーサーが求めた「自由主義化」とはほど遠く、明治憲法と大差のないものであることが判明しました。

これを知ったマッカーサーは激怒したと伝えられます。日本側に真剣になって憲法を改正する気がないと判断したからです。そこでマッカーサーは動きます。

毎日新聞によるスクープの翌々日、マッカーサーはコートニー・ホイットニー民政局長に、民政局のスタッフで新たな憲法の草案をつくるように指示します。日本政府に任せておいたのでは、自由主義的で民主主義的な憲法は実現しないと判断したのでした。

このときマッカーサーは、自身の考えを必ず入れるようにとメモを渡します。これが「マッカーサー三原則」あるいは「マッカーサー・ノート」と呼ばれるものです。戦争について、紛争解決の手段としてはもちろんのこと、「自己の安全を保持するための手段としてさえも」放棄することを求めたのです。それは自衛のための戦争すら放棄するという厳しいものでした。日本が二度と軍隊を持たず、戦争を起こさない国にしようと考えていたのです。それが日本国憲法第九条の「戦争放棄」につながっていくことになります。

マッカーサーの草案作成指示から一〇日後の二月一三日、GHQがつくった憲法の草案が日本側に手渡されます。GHQの草案作成を知らされていなかった日本側は驚き、さらにその内容に大きな衝撃を受けます。日本側が考えていたものと、かけ離れた案だったからです。

しかし、日本としては、これを拒否することはできません。このGHQの草案をもとに、憲法改正案を作成することになりました。改正案は国会（帝国議会）に提出され、条文の修正や追加、削除が行われた上で現在の日本国憲法ができあがったのです。

この新憲法に当初国民は戸惑いましたが、戦争の被害が大きかっただけに、ある種の解放感をもってこれを歓迎しました。

ただし、ここには、「自己の安全を保持するための手段としての戦争をも、放棄する」というマッカーサー・ノートの内容は入っていませんでした。それどころか、「一定の条件のもとに武力を持たない」と解釈できる修正が加えられていました。つまり、自衛権が認められると解釈できる余地のある憲法になっていたのでした。

アメリカ、方針を転換

日本の軍隊を解体し、二度と戦争ができない国にする。これがアメリカの目論見《もくろみ》でしたが、東西冷戦が深刻化し、さらに一九五〇年の朝鮮戦争の勃発で韓国を全面支援することを決めると、その方針を変えざるをえなくなります。

朝鮮戦争が始まった時点で、朝鮮半島にアメリカ軍の戦闘部隊は存在していませんでした。韓国支援のための主力部隊はアメリカ本土から送られますが、それまでの間は、日本に駐留していたアメリカ軍が急遽《きゆうきよ》、朝鮮半島に送り込まれることになりました。その数は七万五〇〇〇人でした。

その結果、日本は軍事的な空白地帯となります。旧日本軍はすでに解体されていたからです。もしそこにソ連軍が攻めてきたら、まるで抵抗できない状態になっていました。

さらにアメリカが恐れたのは、日本国内の革命勢力でした。当時、共産党が勢力を伸ばし、社会党も含めて反政府運動が拡大していました。全国に一二万五〇〇〇人の警察官は存在していましたが、ソ連や中国に煽《あお》られて国内の革命勢力が蜂起したとき、これを鎮圧するには力が足りないとアメリカは判断したのです。

一九五〇年七月、マッカーサーは総理大臣の吉田茂《よしだしげる》に書簡を送ります。そこには七万五〇〇〇人の「ナショナル・ポリス・リザーブ」を設立し、海上保安庁の職員を八〇〇〇人増員することを許可する、とありました。この場合の許可は、命令です。

「ナショナル・ポリス・リザーブ」は「警察予備隊」と訳されました。突然の命令に日本政府は混乱しますが、その四日後に届いた部隊編成案を見て、それが再軍備を意味することに気づきます。その案の詳細な内容から、アメリカがかなり前から日本の再軍備を検討していたことがわかりました。将来アメリカ軍が日本から撤退したとき、日本を西側にとどめておくためには、そこが軍事的空白になっていてはまずいとの判断からです。アメリカの指示に従う軽装備の軍隊を朝鮮戦争以前から計画していたのです。翌八月に隊員の募集が始まり、自衛隊の基礎になるものが出来上がりました。

一九五〇年八月一〇日に公布されたのは警察予備隊令でした。ところが実はこれ、驚くべきことに法律ではなく内閣の政令だったのです。つまり、法律に根拠を持たない組織だったのです。法律にすると国会で野党が反対すると考えたからです。その後、一九五二年の七月三一日に保安庁法が国会で可決されます。翌日、保安庁をつくり、警察予備隊を保安隊に改組して、ここで初めて法律に根拠を持つ組織になったのでした。

軍隊ではないという建前に

日本は軍事力を持たない、という憲法をつくったアメリカでしたから、実態は軍隊であってもそう呼ぶことはできず、警察組織を装うしかありませんでした。予備隊の階級にも「警察」という名称が使われ、隊員は「警査」と呼ばれました。警察予備隊に採用された隊員の多くは、「国家警察に採用された」と思っていたようです。

銃などの装備はアメリカ軍から支給され、訓練もアメリカ軍によって行われました。このときも軍隊を思わせる言葉は排除され、戦車は「特車」、歩兵は「普通科」、砲兵は「特科」などと呼ぶように指導されました。

一九五二年七月三一日に保安庁法が公布され、警察予備隊は七万五〇〇〇人から一一万人に増員され、名称も「保安隊」と改められます。また海上保安庁の中にできていた海上警備隊と一緒になり、その上部組織として保安庁が設立されました。

さらに一九五四年には、陸上部隊は陸上自衛隊、海上部隊は海上自衛隊と改称され、航空自衛隊も新設されました。その隊員数は定員二五万人にまで増員されました。保安庁は防衛庁になり、こうして自衛隊が誕生したのでした。

軍隊ではない組織として誕生し、国内の治安維持が主目的だったはずが、いつしか自国防衛の組織となり、内実は軍事組織に発展する。これが自衛隊だったのです。

日米安全保障条約により駐留継続

連合国によって占領されていた日本は、一九五一年九月に「サンフランシスコ講和条約」をアメリカなどと結び、再び独立を果たしました。

そうなると、独立国である日本に他国の軍隊、つまりアメリカ軍が勝手に駐留することはできません。しかし、東西冷戦はさらに深まり、アメリカにとって冷戦の前線ともいえる日本から、軍隊を撤退させるわけにはいかなくなっていました。こうして法的根拠としての条約が必要だということになり、「日本国とアメリカ合衆国との間の安全保障条約」、いわゆる日米安保条約が締結されたのです。それまで占領軍として日本に駐留していたアメリカ軍は、それ以降、独立国家である日本と条約を結び、日本の承認の上で駐留することになったのです。

社共どちらにもマルクス主義勢力が

このときの講和条約と安保条約の承認をめぐって、当時の最大野党の社会党が分裂します。どちらも「社会党」を名乗り続けたので、マスコミは「右派社会党」「左派社会党」と呼び分けました。

サンフランシスコ講和条約の調印は、アメリカを中心とする西側諸国とだけでなされ、「単独講和」と呼ばれました。共産党などが強く主張した「全面講和」は、サンフランシスコで調印されなかったソ連や中国などの東側諸国とも条約を結ぶべきだというものでした。

社会党の右派は、国際共産主義に対抗するためにも「単独講和」で臨むべきだと主張。「全面講和」を進めようとする左派と対立し、ついには二つに分裂してしまったのです。

社会党の左右への分裂は、東西冷戦の構図が日本国内に持ち込まれたとも言えます。社会党左派が「東側」、右派が「西側」というわけです。その分裂は一九五五年の再統一まで続きます。戦後、共産主義勢力とは一線を画した社会主義勢力は、大同団結して日本社会党を結成しました。しかし、このときの「社会主義」は、「共産主義ではない」というレベルのものでした。多種多様な思想の人たちが流れ込んでいたのです。

このうち「民主社会主義者」は、経済体制として資本主義経済を堅持すべきだと考えていました。社会保障など「社会主義的」政策も取るけれど、基本は資本主義経済の現状を維持しようとする勢力です。

また「社会民主主義者」は、北欧のような高度の社会保障を実現しようと考えていました。そのためには、資本主義経済を規制することも必要だと考えていました。資本主義と社会主義のいわゆる「混合経済」です。

さらに社会党の最左派には、マルクス主義者もいました。日本は、共産党系のマルクス主義者と、社会党系のマルクス主義者が存在するという、世界でも稀《まれ》な国でした。共産党系のマルクス主義者は、「日本はアメリカ帝国主義によって支配された従属国家だ。まずは民族民主革命を実現してアメリカ帝国主義から独立を果たした後、社会主義を目指すべきだ」とする「二段階革命論」を取っていました。

一方、社会党系のマルクス主義者は、「日本はアメリカグループに属しているとはいえ、独立した資本主義国であり、社会主義革命によって社会主義を目指すべきだ」とする「一段階革命論」を採用していました。

ただし、社会党系が、議会選挙を通じて平和裏に社会主義革命を達成することが可能だと主張したのに対して、共産党系は、「革命が平和的なものとなるか、非平和的となるかは、結局敵の出方による」と主張しました。いわゆる「敵の出方論」です。

このため、警察など治安当局は、日本共産党を「暴力革命の志向を捨てていない政治集団」として、破防法（破壊活動防止法）にもとづく要監視集団に指定。共産党を敵視します。この構図は、いまも続いています。

二〇一六年三月、政府は閣議で共産党について、「現在においても、破壊活動防止法に基づく調査対象団体である」という見解を再確認しています。破防法は、暴力主義的破壊活動をした団体の活動制限などを定めています。

内閣の再確認は、民進党が、この年の七月の参議院選挙で共産党などと選挙協力に踏み切る方針を打ち出したことを受けての判断があります。安倍晋三内閣として、「共産党は、いまでも危険な組織ですよ。そんな党と選挙協力していいのですか」と牽制《けんせい》したのです。

対等な条約ではなかった

講和条約と日米安全保障条約に共産党や左派社会党は反対しましたが、両条約を衆議院も参議院も承認し、一九五二年に日米安全保障条約は発効しました。

アメリカ軍が日本に駐留するための法的根拠として締結された安保条約でしたが、日米の立場が対等であるとは言えない条約でした。アメリカ軍の駐留は認めながら、その軍事力については、「外部からの武力攻撃に対する日本国の安全に寄与するために使用することができる」とありました。つまり、日本が攻撃を受けた場合、アメリカ軍に防衛する義務があるとは書かれていなかったのです。さらに、日本国内で内乱が起きた場合、日本政府の要請があれば、アメリカ軍が出動できるともありました。条約の期限もなく、その解消方法も決められていませんでした。日本に駐留するアメリカ軍は、日本国内での共産主義革命を弾圧する役割を持つ。それが露骨に記された条約だったのです。一九五二年二月には、日米行政協定が結ばれます。これは日米安全保障条約にもとづいて、アメリカ軍への基地の提供や配備の条件、費用の分担などが定められたものでした。ところがこの協定は国会承認の手続きを踏まずに調印されたもので、この時点では警察予備隊令と同じく、法的な根拠のないものでした。

こうして一九五二年四月二八日、日米安全保障条約は発効します。それに伴い、同年七月には保安庁法が公布され、警察予備隊は改組され、一〇月に保安隊が発足することになったのは前述したとおりです。

安保条約が問われた砂川裁判

これ以降、日本に駐留するアメリカ軍をめぐって、日本国内では、さまざまな論議や反対運動が繰り広げられることになります。最初の大きな衝突は、「砂川《すながわ》闘争」でした。一九五五年、在日アメリカ軍は、当時米軍基地であった東京都の立川《たちかわ》飛行場の拡張を日本政府に要求します。アメリカ軍にしてみれば、アジアにおいてソ連や中国、北朝鮮という東側ににらみをきかせるためにも、基地の拡張が必要だったというわけです。

一九五〇年に始まった朝鮮戦争は、休戦にはなったものの、終結したわけではありません。いつ再発するかもわからない。朝鮮半島にいつでも出動できるための基地を確保することが、当時のアメリカ軍の戦略だったのです。

この要求に応じて、政府は拡張予定地の砂川町（現在の立川市）の町長に通告し、その結果、住民の知るところとなります。拡張に反対する住民は、基地拡張反対同盟を設立。右派社会党や左派社会党などが支援を表明する大規模な反対闘争に発展します。社会党は、分裂したとはいえ、こうした住民闘争には左右ともに力を入れていたのです。

一九五六年一〇月に、拡張のための測量に反対する住民たちと、これを規制しようとした警官隊が衝突し、一〇〇〇人以上の負傷者を出す事件が起こります。これによって政府は測量を中止しますが、一九五七年の七月には、反対派のデモ隊が境界の柵を壊して基地に侵入し、七人が逮捕され、その後起訴されました。このときの起訴は、「安保条約にもとづく行政協定に伴う刑事特別法違反」というものでした。要するに、アメリカ軍基地を守るための法律に違反して、アメリカ軍基地の中に入ったという容疑だったのです。

一九五八年、東京地方裁判所で裁判が始まると、被告側は安保条約によるアメリカ軍駐留は憲法違反である、と無罪を主張します。「憲法九条で日本は戦争放棄と武力放棄をすると言っているのにもかかわらず、アメリカ軍が駐留しているのは憲法違反である。憲法違反である安保条約にもとづいてアメリカ軍がいることに抗議をしたからといって逮捕されることは、そもそも根拠がない」というわけです。

　これについて、東京地方裁判所の伊達秋雄《だてあきお》裁判長は、アメリカ軍の駐留は、戦力の保持を禁止した憲法九条に違反するとして、三月に全員の無罪を言い渡しました。これが「伊達判決」と呼ばれるもので、後あとに影響を与えることになります。

　アメリカ軍の駐留は憲法違反である、という判決に政府は驚き、通常ならば高等裁判所に控訴するところを、それをしないで跳躍上告という、いきなり最高裁判所に申し立てをするという手に出ます。高等裁判所に控訴していては裁判が長引き、日米関係にも悪影響を及ぼしかねないという判断からでした。

　一九五九年一二月、最高裁は、「憲法九条で禁止している戦力というのは、日本が持つ武力を禁止しているのであって、アメリカ軍のそれには該当しない」と判断します。つまり「アメリカ軍の駐留は憲法違反ではない」という判決を下します。これにより、「伊達判決」は破棄され、東京地方裁判所に差し戻されます。その結果、再度の東京地裁の裁判では、被告側に有罪が言い渡されました。

　このときの最高裁判決の中に、「日本は必要最小限の自衛のための力を持つことは認められる」という言い方が出てきます。つまり、日本にいるアメリカ軍は、憲法九条が放棄した武力には当たらない。一方で、憲法九条で日本は戦争を放棄していると言いつつも、日本が自衛する権利、自衛権まで放棄したものではないということを、最高裁判決が確定したということになるわけです。

この判決は、二〇一五年の夏になって改めて脚光を浴びます。安倍政権が集団的自衛権を容認する安保法制を整備しようとした際、国会の内外で「憲法違反の法整備だ」との批判を受けました。それまで歴代の自民党内閣は、集団的自衛権は憲法上、行使できないという見解だったのが、「行使できる」と言い出したからです。

このとき自民党の高村正彦《こうむらまさひこ》副総裁は、最高裁の砂川判決を引き合いに出して、「集団的自衛権は認められる」との以前からの主張を繰り返したのです。その部分を引用しましょう。

「最高裁判所は自衛権について、一九五九年の有名な砂川事件判決において、個別的とか集団的とか区別をしないで、自衛権については、国の平和と安全を維持し、国の存立を全《まっと》うするための措置は当然とり得る。そしてその前提として、固有の権利として自衛権というものは当然持っているとも言っているわけであります」（自民党のウェブサイトより）

この主張に対しては、「砂川判決は、自衛権一般について触れているだけで、それを集団的自衛権も認めていると解釈するのは無理がある」という批判も出ました。安保法制については、この後、改めて触れますが、「過去の判決」と思っていたものが、突然現代に甦《よみがえ》ることがあるのですね。

岸信介の安保条約改定への執着

岸信介《きしのぶすけ》は太平洋戦争中の東条英機《とうじょうひでき》内閣で商工大臣を務め、戦後は「A級戦犯容疑」で連合国に逮捕されていました。その後、東西冷戦が深刻化すると、アメリカの方針転換により釈放され、政界に復帰します。アメリカは、日本を二度と戦争のできない国にするため、戦争犯罪を徹底的に追及する方針だったのですが、東西冷戦激化の中で、日本をアメリカ側陣営として発展させるため、戦犯追及を中止したのです。

その岸には二つの大きな課題がありました。「野望」と呼んでもいいでしょう。それが憲法の改正と安保条約の改定でした。岸にとって日本国憲法はアメリカに押しつけられた憲法であり、将来的には第九条を改正して独立国として相当な軍隊を持つべきだという思いがありました。

しかし一九五七年に総理大臣に就任した時点では、国会の三分の一以上を社会党が占めていて、すぐに憲法改正というわけにはいきませんでした。そこで、とりあえずするべきことは、安保条約の改定、ということになりました。

一九五一年に調印された安保条約は、あくまでアメリカ軍の日本駐留のための法的根拠をつくろうと、急いでつくられたものでした。そこには、アメリカ軍が日本を守る義務が明記されておらず、一方で、国内で内乱が起きた場合に、日本政府の要請があればアメリカ軍が出動できるなど、対等な立場の条約とは言えないものでした。アメリカは、ソ連や中国の影響を受けて日本で共産主義革命が起きることを恐れ、もしそうなればアメリカの軍事力を行使してでも鎮圧することを想定していたのです。

岸に言わせれば、この安保条約は、「独立国として恥ずべきもの」であったということです。自分の国の反政府暴動というのは、自国の治安部隊でこれを抑えればいい話で、よその国に助けてくださいと言うべきではないだろう、ということなのです。

こうして岸は総理大臣就任早々にアメリカを訪れ、改正の交渉を進めます。その結果、日本が他国に侵略された場合のアメリカ軍の支援義務が加えられ、国内のアメリカ軍において配置や軍備の変更、また日本からの戦闘作戦行動がある場合は、事前に通告し協議することが定められました。国内の内乱にアメリカ軍が出動できるという内容は削除され、条約の期限も一〇年とされました。

その一方で、アメリカ軍は、日本以外の「極東」での平和と安全を守るために、日本の基地を使用することができると規定されました。「極東」とはフィリピン以北の台湾、中国、朝鮮半島、ソ連を含むものです。それらの国への軍事行動に日本の基地が使われることは、アメリカのアジア戦略に日本が組み入れられたことを意味します。このため、国内では「アメリカの戦争に日本が巻き込まれる恐れがある」と、不安視する声も上がります。

警官隊導入で強行採決

一九五九年三月には、社会党や共産党、労働組合の集合体である総評（日本労働組合総評議会）などが参加して「安保条約改定阻止国民会議」が発足し、安保改定の危険性を訴えます。安保条約があるためにアメリカ軍が日本での駐留を続け、ソ連や中国と戦争になったりすれば、日本が巻き込まれてしまうのではないか、という主張でした。安保条約を破棄して、日本を非武装の国にするために、安保改定を阻止しようと組織された会議でした。

こうした組織に労働組合が参加していることは、いまの若い人からすれば奇異に映るかもしれません。総評は、全国の労働組合の総元締めのような役割を果たすために結成されました。経営者に比べて個々の労働者の力は弱いので、団結して経営者に立ち向かえるようにするため、労働組合が組織されました。しかし、個々の労働組合は、その会社内だけの条件闘争に終わってしまいます。日本全体の労働者のための法整備を政府に働きかける組織が必要だ。こうして一九五〇年七月に総評が発足し、労働者のために政治闘争に参加するようになったのです。

総評の内部には、社会党の右派も左派も、共産党の活動家もいましたが、組織としては社会党を支持してきました。「社会党・総評ブロック」という政治勢力を築いていたのです。

こうして「安保条約反対」の運動が始まりましたが、当初は、盛り上がりに欠けました。運動が盛り上がるのは、翌年になってからでした。

一九六〇年一月一九日、新しい日米安全保障条約はワシントンで調印されました。正式名称は「日本国とアメリカ合衆国との間の相互協力及び安全保障条約」です。条約が正式に発効されるためには、国会での批准手続きを経なければなりません。同年二月、新安保条約を審議する安保特別委員会（日米安全保障条約等特別委員会）が衆議院に設置されますが、社会党議員らの激しい反対によって、審議は長引きます。

岸は、この国会で新安保条約が承認された直後、アメリカのドワイト・D・アイゼンハワー大統領を日本に招き、ここで批准書を交換して日米新時代の確認をすることを計画していました。訪日は六月一九日と決まっていました。しかし、審議は長引き、岸内閣と自民党は、この国会の会期である五月二六日までに批准承認は無理だと判断し、ついに強行採決に踏み切ります。

一九六〇年五月一九日深夜、安保特別委員会で、与野党の議員が激しくもみ合う中、批准の承認を強行採決します。さらに自民党の清瀬《きよせ》一郎《いちろう》衆議院議長は警官隊五〇〇人を国会内に入れ、本会議開会に抵抗する社会党議員らをごぼう抜きにして議長権限で本会議の開会を宣言しました。そして日付が変わった二〇日未明、本会議を再開して新安保条約批准の審議を打ち切り、強行採決して承認するという一連の流れを一気に進めたのです。

「衆議院の優越」により、衆議院で可決すれば、参議院で採決されなくても、三〇日後には自然承認されます。つまりこれで、アイゼンハワーの訪日前に新安保条約が批准されることになったのです。

この強行採決で事態は急変します。それまで安保条約改定に関心のなかった国民も「民主主義の危機」を感じ、デモに立ち上がったからです。警官隊を導入し、野党議員を排除して強引に採決に踏み切る。こんなことがまかり通っては、民主主義の崩壊につながると危機感を抱いたのです。多くの市民が国会や首相官邸を取り巻きました。

全学連が反対運動の前面に

このとき世界にその名をとどろかせたのが、ゼンガクレンでした。「全日本学生自治会総連合」、通称「全学連」です。第二次世界大戦後、全国の大学に自治会がつくられ、「民主主義の教室」として機能しました。自分たちの身の回りのことから教育行政一般まで、さまざまなことを自分たちで議論し、自分たちで決める、あるいは大学当局に改善を要求する。そんな組織として大きく発展しました。その全国の学生自治会を束ねるのが全日本学生自治会総連合、全学連でした。

ところが、この中には共産党系の学生と、共産党のやり方は生ぬるいので、武力を使ってでも革命を起こすべきだという組織があり、この二つの勢力が主導権争いをしていました。共産党の方針は生ぬるいと考えた学生たちは、「共産主義者同盟」を組織。その結果、共産主義者同盟が主流派となり、共産党系は反主流派となって別々の行動をとるようになります。

日本共産党は、戦争前も戦争中も非合法化され、党員たちは次々に逮捕されていました。第二次世界大戦後、その党員たちが釈放されると、「戦争中の弾圧にもめげずに戦い続けた」として、大勢の人たちが評価して入党。共産党は一大勢力に発展していました。

共産党は、兄貴分のソ連共産党の方針に従い、当初は過激な闘争を繰り広げていたのですが、第六回全国党協議会において突然方針を転換します。過激なことはやめて選挙に力を入れ、議会での勢力を伸ばすことを決めたのです。

その共産党に指導された共産党系の学生たちは、平和的なデモで安保条約反対を訴えるべきだと主張しました。しかし主流派となった共産主義者同盟は、もっと大胆な行動に出なければ、岸内閣を追い込むことはできないと考えました。

六月四日には、全国で五六〇万人が参加したといわれる大規模な「六・四スト」がありました。その直後の六月一〇日、アイゼンハワー大統領訪日の打合せのために、ジェイムズ・ハガティ大統領報道担当補佐官が羽田空港に到着しました。当時はまだ成田空港がありませんでしたから、東京への国際線はすべて羽田空港に到着していたのです。大統領訪日の反対派は羽田空港周辺の道路を埋め尽くし、ハガティ一行を取り囲みました。このとき集まったのは労働組合員と全学連反主流派（共産党系）でした。平和的に抗議するはずでしたが、その数は二万五〇〇〇人にものぼり、ハガティ一行は身動きがとれなくなってしまいました。警官隊がデモ隊を押し返して、そこにアメリカ海兵隊のヘリコプターが救出に来るという騒ぎに発展しました。

全学連主流派、国会突入

連日国会を取り巻くデモ隊は「安保条約改定阻止国民会議」によって組織され、整然とデモ行進をしていました。国会の議員面会所に並んで待ち受ける野党議員に請願書を渡す、という行動をとっていたのです。

しかし全学連主流派（共産主義者同盟）はこれを「お焼香デモ」と呼び、安保条約粉砕のためにはさらに過激な行動が必要だと、国会突入を計画します。

六月一五日、全学連主流派の国会デモには、全国から八〇〇〇人の学生が集まりました。角材やワイヤーロープで封鎖された通用門を、体当たりを繰り返して突破。国会内に突入します。当時、警視庁の警察官は、いまほどの数がいなかったため、国会の外側を警備することができず、国会の中で待機していました。学生たちの投石を受けながら待機していた警視庁第四機動隊の隊員は、警棒を抜いて一斉に学生の排除にかかりました。

当時の機動隊の装備は、現在のものと比べると貧弱で、学生たちもヘルメットをかぶることはなく素手でした。たちまち学生にも警察官にもけが人が続出します。この衝突の中で、東京大学文学部四年生の樺美智子《かんばみちこ》が死亡します。彼女は東京大学文学部学友会（自治会）の副委員長で、共産主義者同盟の活動家でもありました。しかしこの部分は大きく報道されず、「国の将来を憂えた真面目な東大の女子学生が犠牲になった」と、多くの国民は受け取りました。

自衛隊出動を促したが

流血の国会突入デモにより、危機感を持った岸首相は、赤城宗徳《あかぎむねのり》防衛庁長官に対し、自衛隊の治安出動を促します。治安維持のために、総理大臣が自衛隊に出動命令を出すのではなく、防衛庁長官の意向を確認しながら出動を検討したのでした。

しかし、赤城長官はこれを拒否します。武器を備えた自衛隊が出動すれば死者が出る可能性は高くなり、そうなれば国民の非難は自衛隊に向けられるのは必至です。一方でデモ隊を無傷で制圧できなければ、また批判も集中します。赤城の判断に、岸も従わざるをえませんでした。

歴史に「もし」はありませんが、もしこのとき自衛隊が出動していたら、何が起きたでしょうか。当時は、万一の出動命令に備えて、陸上自衛隊員が都内に待機していました。銃を持った自衛隊員が出動したら、血の気の多い学生たちは逆上して、自衛隊員に投石したかもしれません。自衛隊員は、ふだんから銃撃で「敵」を撃退する訓練を受けていますが、治安出動の経験はありません。学生の投石に興奮して、発砲するような隊員が出てきたら……、続く流血の惨事は想像したくありません。これでは開発途上国の反政府デモに軍隊が出動して鎮圧するのと同じことになってしまいます。赤城の冷静な判断が日本を救ったとも言えるでしょう。

翌日の六月一六日、日本政府はアメリカに対し、アイゼンハワー大統領の訪日延期を要請します。大統領が日本に来ても、その安全を確保する自信がないということでした。岸内閣の面子《めんつ》は丸つぶれです。

そして一九六〇年六月一九日午前〇時。首相官邸を多くのデモ隊が取り囲むなか、参議院で三〇日議決されなかった新安保条約は、自然承認となりました。この新安保条約に伴って、日米行政協定は日米地位協定として改正され、現在まで引き継がれています。

六月二三日、日米で批准書が交換された後、岸内閣は総辞職します。安保をめぐる混乱の責任をとって、というのが建前でしたが、その混乱というのは、国内でのものではなく、アメリカ大統領を招いておきながらそれを果たせなかったという、国際的信用を失ったことへの責任でした。

当時のデモ隊のスローガンは、「安保反対！　岸を倒せ！」でした。「岸を倒せ」が実現すると、運動は急速に勢いを失います。

「安保より岸退陣」の理由

岸による安保改定は、条約の中の日米の立場が平等でなかった部分を是正することに成功しました。その一方で、東西冷戦最中のアメリカのアジア戦略に、日本が組み入れられる恐れがあり、アメリカの戦争に日本が巻き込まれる可能性を回避すべきだという野党の言い分は国民の支持を得ました。

しかし本当の意味で国民が憤りを覚え、デモに立ち上がったのは、警官隊を国会に入れて野党議員を排除してまで強引に採決に持ち込み、条約の承認を得たからでした。

太平洋戦争以前、岸は日本が大陸につくった「満州国」のエリート官僚でした。戦時中は東条内閣の商工大臣を務め、戦後はA級戦犯の容疑で連合国に逮捕されます。連合国の方針転換によって釈放されますが、この釈放との引き換えに、アメリカと裏で約束があったのではないかという憶測も飛び交いました。

いまから見れば、多くの国民は、庶民感覚のないエリート臭の強い元高級官僚でA級戦犯容疑者であった岸の退陣を願っていたのでしょう。だからこそ、強行採決によって新安保条約が承認されたにもかかわらず、岸内閣が総辞職したことで、国民の反安保熱は急速に冷めていったのです。

政治から経済の季節へ

一九六〇年七月の自民党大会で、岸の後任に池田勇人《いけだはやと》が選ばれました。若い頃大病を患ったことで「苦労人」として知られ、「低姿勢」といわれた池田は、エリートの岸とは対照的で、国民に好感を持たれ、一一月の総選挙においても、自民党は前回よりさらに議席を伸ばす結果になりました。

その池田が掲げたのが「所得倍増計画」でした。「皆さんの所得を一〇年で二倍にします。私はうそを申しません」との演説は話題になりました。

戦後の廃墟《はいきょ》から立ち上がった日本は、復興需要に頼らない自立的発展の力を持っている。道路や鉄道、港湾などのインフラ整備を進めれば、日本経済は発展する。こうした池田内閣の方針は的を射ていました。これ以降、一時の不景気はあるものの、日本経済は高度経済成長を遂げます。

国民の目も、政治から経済に向くようになります。「経済の季節」がやってきたのです。

再び安保反対運動

六〇年の安保闘争の次に日本の安全保障が大きな政治的論議の対象になるのは、一九七〇年でした。六〇年の改定のときに条約の期限が一〇年と定められ、それ以降は両国のいずれかが条約破棄を通告すれば、一年後に失効することになっていました。双方からの通告がない場合は、自動的に延長されます。

社会党や共産党の働きかけで、この機に自動延長を阻止し、条約を破棄しようと全国的な反対運動が起こります。また一九六八年、東京大学や日本大学から始まって全国に広がりをみせていた大学紛争のスローガンにも「安保反対」が取り上げられました。

当時の学生は学生自治会とは別に各地の大学に「全学共闘会議」という闘争組織を結成していました。学生自治会は全員参加で、それでは意思決定が遅くなる。ならば、戦う意志のある戦闘的な学生たちだけで目的を達しようという組織が「全学共闘会議」でした。彼らは、さまざまな要求を掲げながら校内にバリケードを築いてストや立てこもりを繰り返します。ヘルメット姿に角材を持ち、きわめて戦闘的な学生に、大学はついには機動隊の出動を要請し、火炎瓶や催涙ガスなどが飛び交う一大紛争が各大学で展開されました。

しかし、運動が盛り上がるにつれ、各党派の主導権争いが激しくなり、対立する党派を襲撃する「内ゲバ」事件も多発するようになります。多くの学生が殺害される事件まで起こりました。これをきっかけに、一般の学生は運動から手を引いていくようになりました。現在、世界中でいくつもの学生運動が起こるのに、日本ではほとんど起こらないのは、このときの悲惨な事件のトラウマがあるからでしょう。学生運動は過激で危ない。仲間同士で殺し合いをする。こんなイメージが定着してしまいました。

それはともかく、一九七〇年に向けて反対運動が盛り上がるのを見た佐藤栄作《さとうえいさく》首相は、安保条約の改定交渉をせず、自動延長をすることにしました。こうなると、反対派は論戦や攻撃の手掛かりを失います。また、当時は大阪万博の盛り上がりもありました。国民の意識は「反安保」から離れていきます。

沖縄返還が実現するが

安保条約は自動延長で争点からはずすことができた佐藤内閣ですが、最大の課題は、沖縄の返還でした。太平洋戦争で地上戦の戦場となった沖縄は、戦争が終わり、日本がサンフランシスコ講和条約を締結して独立を果たした後も、アメリカの占領下に置かれました。東西冷戦が続く中で、アメリカ軍は、沖縄を「太平洋のキーストーン（要石）」として重視していました。朝鮮戦争が再度勃発しても、台湾海峡で中国と台湾の軍隊が衝突することがあっても、アメリカ軍が沖縄に駐留していれば、直ちに介入することが可能だからです。

しかし、佐藤栄作総理は、「沖縄の祖国復帰が実現しない限り、日本にとって戦後は終わっていない」と発言。沖縄返還を最大の政治課題としていました。度重なるアメリカへの働きかけもあって、一九七一年六月、沖縄返還協定（琉球諸島及び大東諸島に関する日本国とアメリカ合衆国との間の協定）が調印され、翌七二年の五月に沖縄は日本に返還されました。

当時、佐藤総理は、沖縄の「核抜き・本土並み」を主張しました。沖縄にあるアメリカ軍の核兵器は、返還に伴って撤去させる。アメリカ軍基地は、本土並みにまで比率を低くする、というものでした。

しかし、実際には、有事の際にはアメリカ軍が再び核兵器を持ち込むことを容認する方針であることを、密約として結んでいました。また、アメリカ軍基地の比率は、本土とは比べものにならないほど高いものでした。この沖縄の現状は、その後も大きな問題を引き起こし、現在につながっています。それについては、改めて取り上げましょう。

新太平洋ドクトリンとガイドライン

この時期、インドシナ情勢は混迷を極めていました。アメリカはベトナム戦争に介入し、北ベトナムを爆撃。さらに隣国カンボジアでクーデターを起こして親米政権をつくりますが、結局、反政府勢力（ポル・ポト派）によって陥落させられてしまいます。

一方、ベトナムにおいては、アメリカ軍は撤退に追い込まれ、その後、親米政権の南ベトナムが崩壊。アメリカのインドシナ戦略は破綻します。

アメリカは、アジア太平洋地域に影響力を持ち続けるためにも、日本とのさらなる協力が必要だと考えます。

ジェラルド・R・フォード大統領は、一九七五年八月に訪米した三木武夫《みきたけお》総理と会談し、日米防衛協力小委員会の設置に合意します。さらに一二月、ホノルルにおいての演説で、日本を主軸としてアジア太平洋地域への関与を続けるという「新太平洋ドクトリン」を発表しました。ドクトリンとは戦略のこと。アメリカは、ベトナムとカンボジアを失ったとはいえ、アジア太平洋地域に関与し続けることを明らかにしたのです。

東西冷戦はますます深刻化し、ソ連、中国、さらには北朝鮮も軍事力を高めていました。当初自衛隊はアメリカ軍を補完するためだけの存在でしたが、この時期にはその重要性が増すようになります。長期間に及んだベトナム戦争で戦費が嵩《かさ》んだアメリカは財政赤字に苦しみます。そこに貿易赤字も加わって、軍事力を維持するのが難しくなっていました。そこで東アジアにおいては、自衛隊に頑張ってもらわなければいけないという圧力がしだいに高まってきます。

一九七八年、日米政府は、日本有事の際の役割分担を定めた「日米防衛協力のための指針」、通称ガイドラインを決定します。さらに一九八〇年二月には、海上自衛隊が環太平洋合同演習（リムパック）に初参加します。これは、環太平洋のアメリカ軍や、オーストラリア軍、韓国軍（一九九〇年より参加）と一緒になって、中国やソ連の脅威に備えるために軍事演習を行うものです。自衛隊が初めて集団的自衛権の行使訓練を行ったと言えるものでした。

日米関係は「軍事同盟」か

一九八一年五月、鈴木善幸《すずきぜんこう》首相は訪米し、七日にはロナルド・レーガン大統領と会談します。翌日に発表された共同声明には、日米が「同盟」の関係にあるということが初めて明記されました。日米が軍事面においてもさらに関係を強固にしていくと受け取れるものでした。

ところが、鈴木首相は帰国後の記者会見で、「同盟という表現には軍事的意味合いは全くない」と不快感を表し、内容を否定します。

これが大騒ぎを引き起こします。これに対し、伊東正義《いとうまさよし》外務大臣が抗議の意を表して辞任します。外務省としては、日米安保条約にもとづく「日米同盟」に軍事的な意味があるのは明白だったからです。首相が「軍事的意味はない」と言ってしまうと、これまでの日米関係を根底から覆しかねなかったのです。

もともと社会党から選挙に当選し、その後、吉田茂率いる民主自由党に、そして自民党に移った鈴木善幸は、根っからの平和主義者でした。自民党議員の中ではハト派だったのですが、外交には疎く、日米関係にヒビを入れるような発言でした。

とはいえ、鈴木自身は、同じ記者会見の中で、「日本は、平和憲法のもとに、自衛のための防衛力しか持てない。専守防衛に徹する。軍事大国にはならないという点をはっきりさせている」とも語っています。本人は、戦後の日本の安全保障政策を再確認しただけのつもりだったのかもしれません。

一九八二年に鈴木の後継として首相となった中曽根康弘《なかそねやすひろ》は、鈴木内閣時代に悪化した日米関係の立て直しに乗り出します。翌八三年の一月一七日にアメリカを訪れ、翌日、ホワイトハウスでレーガン大統領と会談します。会談に先立つ『ワシントン・ポスト』幹部との朝食会の席上、中曽根は「日本列島を不沈空母化する」と発言したと報じられました。さらに首脳会談では、「日米は運命共同体」と発言し、日米関係強化を推し進めることを表明します。これによって「軍事同盟」を否定した前首相の鈴木の発言は覆されました。これ以降、日米関係は、一段と軍事同盟の色彩を強めることになります。

ここからレーガンと中曽根の関係は、お互いを「ロン」、「ヤス」と呼ぶまでに深まりました。一一月にレーガン大統領が訪日した際には、中曽根は大統領夫妻を自分の別荘である「日の出山荘」に招いてもてなしました。

この関係の成立には、中曽根の周到な準備がありました。アメリカから要求されていた防衛費の七パーセント増を大蔵省に命じて予算に組み入れさせ、一九八七年の予算では、七六年の三木内閣の閣議決定である防衛費のGDP一パーセント枠を遂《つい》に撤廃させます。またアメリカに対する武器技術供与も「武器輸出三原則」の解釈を変えて内閣法制局に認めさせていたのでした。この親米路線をアメリカは歓迎し、貿易摩擦などで不安定になっていた関係の修復へと向かうことになります。

冷戦が終わり、湾岸戦争が始まった

一九八九年、ポーランドで政権が交代し、その後、東ヨーロッパで次々に政権が交代します。東欧社会主義の崩壊です。そして一一月、遂に東西ベルリンを隔てていたベルリンの壁が崩壊し、東西の関係は新たな時代に入りました。同年一二月にマルタ島で行われた、アメリカのジョージ・H・W・ブッシュ大統領（パパ・ブッシュ）とソ連のミハイル・ゴルバチョフ書記長との会談で、冷戦の終結を迎えます。

第二次世界大戦後の世界秩序を話し合った場所がヤルタだったことから、冷戦の始まりと終わりは「ヤルタからマルタへ」と称されました。東西冷戦が終わり、世界はやっと平和になる。多くの人が期待しましたが、現実は、そうはなりませんでした。それまでの世界秩序が崩壊したことで、むしろ世界は混沌《こんとん》となり、混乱や戦乱が続くことになります。その最初の動きは、イラクのサダム・フセイン大統領によってもたらされました。

一九九〇年八月、イラク軍がクウェートに侵攻し、全土を制圧したのです。イラクは、一九八八年までの八年間に及ぶイラン・イラク戦争の戦費が嵩んでいました。イラクにすれば、ペルシャ人でイスラム教シーア派の大国イランの影響力を阻止するため、アラブの代表としてイランと戦っていたつもりだったのに、アラブ諸国の対応は冷たいものだった、というわけです。とりわけイラクの隣国の金持ちの国クウェートがイラクを支援してくれなかったことにフセイン大統領は逆切れ。クウェートを自国のものにしようとしたのです。

過去の東西冷戦時代でしたら、世界は大きく二つに分断され、その秩序を破壊するような行動は抑圧されてきました。イラクも、ソ連崩壊前はソ連の影響力が強く、ソ連の意向を無視して行動することは困難でした。ソ連が崩壊したことで、フセインは「絶好のチャンス」と受け止めたのです。

イラクの一方的な行動に対して、国連安保理はクウェートからの即時退去を要求しますが、イラクはこれに応じません。それどころか、クウェートをイラクの一部に組み込んでしまったのでした。

これに対し、アメリカのジョージ・ブッシュ大統領は、イラク攻撃を決意します。ソ連は崩壊し、もはやアメリカに対抗できる勢力は存在しない。アメリカが世界の盟主になる。「新世界秩序」を形成しようという戦略にもとづくものでした。

しかし、アメリカ一国でイラクを攻撃することは避けようと考えました。イラクはイスラム教徒が大多数の国。アメリカが攻撃すると、「キリスト教徒によるイスラム教徒への攻撃」、つまりは十字軍の再来と受け止められる恐れがあると考えたのです。

そこで、世界各国に働きかけ、「多国籍軍」を組織します。とりわけアメリカが力を入れたのが、「アラブ連合軍」の結成です。サウジアラビアを中心としたアラブ連合軍が多国籍軍に入れば、十字軍という批判を避けることができるからです。ブッシュ大統領の思惑は成功し、翌九一年の一月、多国籍軍はイラクを攻撃。イラク軍をクウェートから追い出すことに成功しました。これが「湾岸戦争」です。ペルシャ湾岸で戦闘が展開されたため、こう呼ばれます。ちなみに、前年のクウェートへの侵攻は「湾岸危機」と呼ばれます。

湾岸戦争のトラウマが自衛隊の海外派遣へ

アメリカは、日本に対しても多国籍軍への参加を求めます。しかし、当時の日本に、自衛隊を海外に派遣する発想はありませんでした。憲法九条には、「国権の発動たる戦争と、武力による威嚇又は武力の行使は、国際紛争を解決する手段としては、永久にこれを放棄する」と明記されているからです。自衛隊を湾岸戦争に参加させることは、明白な憲法違反になるからです。

海部俊樹《かいふとしき》首相は、自衛隊を派遣する代わりに一三〇億ドルの資金援助を決めます。しかし、アメリカを中心とした多国籍軍参加国からは、「金で解決しようとする日本」に対する批判が強まります。決定的だったのは、クウェートの態度でした。湾岸戦争終了後、解放されたクウェート政府は、世界各国の新聞に、自国解放に尽力してくれた国に対する感謝の広告を出します。ところが、ここに日本の国名がなかったのです。

一三〇億ドルもの資金を出したのに、感謝してもらえない。部隊を送り出し、汗をかかなければ、〈場合によっては、血を流さなければ〉感謝してもらえない。これがトラウマとなり、これ以降、日本政府は自衛隊の海外派遣ができるようにと法整備を始めます。

一九九一年四月、政府は法の整備を待たずに、海上自衛隊の掃海艇をペルシャ湾に派遣します。掃海艇とは、海上や海中、海底に仕掛けられた機雷（海の地雷）を発見・処理する船です。湾岸戦争中、イラク軍によってペルシャ湾には多数の機雷が設置され、通ることが危険な状態になっていました。機雷は船の磁気に反応して爆発するタイプが多いため、掃海艇は木造です。それを日本からはるばるペルシャ湾に派遣したのです。

さらに政府は一九九一年九月、「国連平和維持活動等に対する協力に関する法案」（PKO協力法案）を国会に提出。社会党、共産党、社民連などは強く反発して国会は紛糾

します が、九二年六月一五日にこの法律は成立します。これにより、同年九月、カンボジアでのPKOのために自衛隊が派遣されることになりました。

カンボジアは、ポル・ポト政権による自国民虐殺と、その後の長い内戦によって、国土が荒廃していましたが、ようやく停戦合意が成立し、国連主導で国家再建に乗り出していたのです。ここに翌年九月まで、陸上自衛隊のカンボジア派遣施設大隊一二〇〇人が派遣され、道路の整備などに当たりました。

これ以降、自衛隊は、モザンビークやゴラン高原、東ティモール、アフリカの南スーダンに派遣されました。

驚きの政権交代——社会党から「反安保」が消えた

東西冷戦が終わると、日本国内の「東西冷戦」も終わりを迎えます。一九九四年に、驚くような政権交代が起きました。保守対革新として対立してきた自民党と社会党が手を組み、それに「新党さきがけ」を加えた三党の連立政権が誕生したのです。しかも首相は第一党の自民党からではなく、第二党の社会党党首、村山富市《むらやまとみいち》がその座についたのでした。

社会党の党首が首相を務めるのは、片山哲《かたやまてつ》内閣以来四六年ぶりのことでした。「反米・反安保・反自衛隊」の立場をとり続けてきた社会党の委員長が首相になったことで、その対応が注目されました。

しかし村山は、「自衛隊は憲法の認めるものであると認識する」と自衛隊の合憲とともに、日米安保体制の堅持や日の丸・君が代の容認などを表明します。社会党の路線が大きく転換。現実路線を歩み始めたことを示したのです。まさに国内の「東西冷戦」の終結です。「首相になった以上、従来の安保政策は継続しなければならない」と覚悟を決めた村山は、勢い余って、「安保維持」と言うべきところを「安保堅持」と強調した表現を使ってしまうほどでした。これまで野党の立場から、与党の「安保堅持」という表現を聞いていたからでしょうか。

社会党委員長の突然の変身。その後、社会党は「社会民主党」と党名まで変更します。これには、「安保反対の党」としての社会党をそれまで支持してきた人たちが失望し、その後の社会党（社民党）衰退のきっかけになりました。まさに「一将功成りて万骨枯る」が起きたのです。

日米安保の再定義

一九九五年、アメリカは「東アジア太平洋安全保障戦略」を発表します。日本の米軍基地はアジア・太平洋の防衛の最前線を支えるとともに、中東の緊急事態にも対処する用意があることを示したのです。一九九六年四月、来日したビル・クリントン大統領は橋本龍太郎《はしもとりゅうたろう》首相と会談し、「日米安全保障共同宣言」を発表します。ここでは「アジア・太平洋地域」での両国間協力を確認しました。

これまで日本に駐留するアメリカ軍の役割は、日米安保条約によって、「日本および極東」の平和維持と明記されてきました。それが、「極東」の範囲を拡大したのではないか、と指摘されました。

この宣言は「日米安保の再定義」と呼ばれ、日米の軍事協力が緊密化を増すことになります。

クリントン大統領の「安保再定義」に応えるかのように、一九九九年五月、「日米防衛協力のための指針（ガイドライン）関連法」が成立します。その内容の中心は「周辺事態法」でした。「周辺」とはどこか、という問いに、政府は「周辺事態とは地理的概念ではなく、事態の性質に着目したもの」という曖昧な説明を繰り返しました。

従来の安全保障観は、ソ連や中国、北朝鮮を仮想敵国とし、日米が協力して極東の安全を守るというものでした。しかし冷戦が終結してその意義が薄れると、アメリカは、日本に駐留するアメリカ軍を、世界戦略におけるアジアでの足がかりとして利用するために残す、と方針を変換します。

「周辺事態法」の「事態の性質に着目したもの」という表現は、日本の周辺に起きた紛争ばかりでなく、日本から遠く離れた場所でも、日本にとって直接脅威になるものでなくても、アメリカの要請に応じてそれを支援する、ということを意味するのです。

自衛隊、米軍後方支援へ

二〇〇一年九月一一日、アメリカで同時多発テロが起こり、世界は新たなステージを迎えました。それまでの「ポスト冷戦」から、「テロの時代」の到来です。

テロを実行した反米テロ組織「アルカイダ」のリーダーであるオサマ・ビンラディンを匿《かくま》っていたアフガニスタンのタリバン政権に対し、アメリカのジョージ・W・ブッシュ（息子のブッシュ）政権は引き渡しを要求します。タリバン政権はこれを拒否。そこでアメリカとイギリスはアフガニスタンを攻撃しました。

ブッシュ大統領と友人関係を築いていた小泉《こいずみ》純一郎《じゆんいちろう》総理は、アメリカの「テロとの戦い」を直ちに支持します。さらに、それを形で示すため、「テロ対策特別措置法」を成立させました。これは、アメリカ軍に対してだけでなく、「テロと戦う」軍の後方支援を可能にしたものです。海上自衛隊の護衛艦がインド洋に派遣され、タリバンやアルカイダを攻撃する作戦に従事する船舶に海上給油を行いました。

このとき日本は、アメリカから「ショウ・ザ・フラッグ」と圧力をかけられたといわれています。「旗を見せろ」つまり日の丸を掲げた日本の自衛隊を派遣しろ、という意味でした。日本が独自にアメリカ支援に踏み切ったように見えて、実際はアメリカの圧力を受けていたのです。

アメリカの圧力に応えて自衛隊を派遣する。これは二〇〇三年のアメリカによるイラク攻撃でも再現されました。この年の三月、アメリカは大量破壊兵器を隠しているという理由で、イギリスとともにイラクを攻撃します。フランス、ドイツなどは反対しましたが、日本は支持を表明します。今度はアメリカの「ブーツ・オン・ザ・グラウンド」（現地に軍靴を踏み入れろ）つまり「自衛隊をイラクに派遣しろ」の要望（圧力）に応え、「イラク特別措置法」を制定し、イラクのサマーワに陸上自衛隊の部隊を派遣しました。

現地に派遣された陸上自衛隊は、現地の住民との交流に力を入れます。現地の不満分子によるとみられるロケット弾の撃ち込みはありましたが、全員無事に帰還しました。

さらに六月には、「武力攻撃事態対処法」を中心とする「有事関連三法」が成立します。有事（日本が攻撃されるなど戦争に巻き込まれる状況のこと）において、自治体が自衛隊に協力することや、政府が土地や建物を強制収用できることなどを定めています。

有事法制に関しては、一九七〇年代から密《ひそ》かに検討が行われてきましたが、アメリカでの同時多発テロを契機に日本国内でも「テロへの恐怖」が高まり、一気に整備が実現したのです。

ふと気づくと、自衛隊は「軍隊」としてアメリカ軍に全面協力する組織に変わっていました。日米の軍事同盟はますます強化され、自衛隊の現場は、憲法第九条の「戦争の放棄」から遠いものになっていきます。

普天間基地返還をめぐる迷走

一九九六年、橋本政権下で、日米は沖縄県宜野湾《ぎのわん》市の米軍普天間《ふてんま》飛行場（普天間基地）の移設と条件付き返還に合意します。普天間基地はアメリカ軍海兵隊の飛行場。アメリカ空軍の嘉手納《かでな》基地と並んで、アメリカ軍のアジアでの重要な拠点です。

しかし、前年に米兵たちによる女子小学生暴行事件が起き、沖縄県民の米軍基地への怒りが爆発。基地の移設が決まったのです。一九九九年には移設候補地が名護《なご》市辺野古《へのこ》に決定します。

さらに二〇〇三年一一月、当時のドナルド・ラムズフェルド米国防長官が普天間飛行場を上空から視察し、「世界一危険な飛行場」と指摘したことで、この表現が定着。早く移設すべきだという世論が高まります。

しかし、地元名護市で反対運動が起きたこともあり、移設計画は、なかなか進みませんでした。

二〇〇九年八月、衆議院総選挙で圧勝して政権を獲得した民主党の鳩山由紀夫《はとやまゆきお》首相は、普天間基地について、「沖縄県内での移設に反対。最低でも県外移設」と主張していました。「移設やむなし」とあきらめかけていた沖縄県民も、この言葉に励まされ、反対運動が再燃します。

ところが、二〇一〇年五月、沖縄を訪れた鳩山総理は「最低でも県外」という移設が不可能になったことを県民に謝罪。日米両政府は移設先を名護市辺野古とする共同声明を発表します。このとき鳩山首相は、「学べば学ぶほど、普天間基地の抑止力の重要性がわかった」と発言して、人々を驚かせました。一国の総理ともあろう人が、「抑止力」を認識していなかったのか。沖縄県民に期待を抱かせた発言は何だったのか。呆《あき》れるしかありませんが、さらにその後、再び人々を呆れさせます。

二〇一一年二月、総理を辞任した後の鳩山氏は、共同通信などとのインタビューに答え、「辺野古しか残らなくなったときに理屈付けしなければならず『抑止力』という言葉を使った。方便と言われれば方便だった」と発言したのです。

その後も鳩山氏は、たびたび沖縄を訪れ、「普天間基地の県外移設」を主張していますが、さて、これは学んでいないからなのか、それとも方便なのか。

第二次安倍政権、憲法解釈を変更

二〇〇七年の衆議院選挙で自民党は大敗を喫し、当時の安倍総理は体調不良を理由に突然その任を退きます。ところが民主党政権を経た二〇一二年、安倍は再び総理に返り咲き、第二次安倍政権を発足させました。

二〇一三年一月の施政方針演説で「外交・安全保障の立て直しと、その基軸となる日米同盟の一層の強化が必要である」と訴え、翌月には諮問機関である「安全保障の法的基盤の再構築に関する懇談会」（安保法制懇）を開催します。この安保法制懇の報告をもとに、安倍総理は「限定的に集団的自衛権を行使することは許される」と発言します。

国家の自衛権には二通りあります。自国に対する武力行使に対して自力で対抗する「個別的自衛権」と、密接な関係を持つ国に対しての武力行使を共同で阻止する「集団的自衛権」です。国連憲章では、どちらも各国固有の権利として認めています。

しかし、過去の日本政府は、憲法九条の制約により、集団的自衛の権利は有していても行使することはできない、という立場をとってきました。内閣の方針や内閣提出の法律案などが憲法に違反していないか等をチェックする内閣法制局が、この判断を取ってきたのです。

ところが安倍総理は、北朝鮮の挑発行為や中国の南沙《なんさ》諸島などへの進出により、日本の安全保障をめぐる環境が変化しているとして、集団的自衛権の行使を認めるべきだと主張します。

さらに、自分の主張を裏付けようと、二〇一三年八月、集団的自衛権も認められるという自説を持つ外務省出身の小松一郎《こまついちろう》を内閣法制局長官に任命します。それまで内閣法制局長官は、総務省(旧自治省)、財務省(旧大蔵省)、経済産業省(旧通商省)、法務省の四省のいずれかの出身者によって占められてきました。いずれも内閣法制局次長を経てからの内部昇格でしたが、安倍総理は、この慣例を破ったのです。

その結果、小松一郎がトップに立った内閣法制局は、集団的自衛権も行使できると見解を変更します。トップが代わると、見解も変わる。見解を変えさせたければトップを挿《す》げ替えればいい。これを白日の下に晒《さら》したのです。

二〇一四年七月、憲法解釈を変更する閣議決定を行い、「自衛の措置としての武力の行使の新三要件」を発表します。この決定にもとづいて、二〇一五年五月から、衆議院の特別委員会で、新たな安全保障法制の審議が始まりました。

「立憲主義」に違反?

歴代の内閣が「集団的自衛権は行使できない」と言い続けてきたのに、安倍内閣があっさりとひっくり返したことから、「立憲主義に反する」という批判が続出しました。立憲主義とは、権力者の統治行為を憲法で規制する、つまり権力者は憲法を尊重し、憲法に従って政治をしなければならない、という考え方です。近代から現代にかけての民主主義国においては常識の概念です。

日本国憲法によって集団的自衛権は行使できないと歴代の内閣が解釈してきたのだから、解釈を変えるだけで済ましてしまうのは、実質的に憲法を変えたことになる。これは、憲法を尊重しなければいけない内閣がすべきことではない、という批判です。集団的自衛権を行使したければ、憲法を改正すべきであり、憲法改正が難しいから解釈を変えてしまおうというのは、民主主義国にあるまじきことだ、というわけです。

とりわけ、これが注目されたのが、同年六月四日に衆議院で開かれた憲法審査会で、招致された三人の憲法学者が、いずれも安保法制を「違憲」だと断じたことです。

実は、この憲法審査会は、国会で審議中の安保法制とは無関係に開かれていました。衆議院として憲法改正について勉強するため、専門家を招いて意見を聞いていたのです。席上、野党議員が、審議中の安保法制について尋ねたところ、三人から揃《そろ》って「違憲」という言葉が返ってきたのです。

これをきっかけに、安保法制に反対する運動が盛り上がります。連日、国会前に大勢の市民や学生が集まり、「安保法制反対」と声を上げました。まるで五五年前の再現です。安倍総理の祖父の岸信介内閣が安保条約を改正しようとしたときに、大勢の市民が国会を取り巻いたように。

新しい運動の萌芽も

このとき注目されたのが、ＳＥＡＬＤｓ（シールズ）でした。これは「Students Emergency Action for Liberal Democracy-s」の略称。「自由と民主主義のための、学生緊急行動」のことです。担い手は一〇代から二〇代前半の若い世代です。

過去の学生運動のようにヘルメットに角材で機動隊とぶつかるような過激なことはせず、伝統的な左翼運動に付き物の「シュプレヒコール」（政治的スローガンの唱和）を上げることもなく、ラップのリズムに乗せて安保法案反対を訴える手法は、新しい平和的な反対運動として注目を浴びました。

二〇一六年六月から一八歳以上に選挙権が与えられることもあり、若者たちの新しい民主主義運動の萌芽《ほうが》と評価されたのです。彼らは、ウェブサイトで次のように呼びかけます。

「いまこそ、若い世代こそが政治の問題を真剣に考え、現実的なヴィジョンを打ち出さなければなりません。私たちは、日本の自由民主主義の伝統を守るために、従来の政治的枠組みを越えたリベラル勢力の結集を求めます。そして何より、この社会に生きるすべての人が、この問題提起を真剣に受け止め、思考し、行動することを願います。私たち一人ひとりの行動こそが、日本の自由と民主主義を守る盾となるはずです」

こうした運動の盛り上がりもありましたが、自民党と公明党の与党は、二〇一五年七月に衆議院の特別委員会で採決を強行。続いて本会議でも可決し、九月には参議院でも可決・成立。連立で数に勝る政府与党は、これを可決してしまいました。こうして日本の「集団的自衛権の行使」を容認する「平和安全法制」が成立したのです。

このとき、日本のメディアの報道は好対照を見せました。朝日、毎日、東京の各紙は、シールズの行動を大きく報道しました。これに対し、読売、産経はほとんど報じませんでした。とりわけ読売は、安保法制反対の数万人規模の集会と安保法制賛成の五〇〇人のデモ行進を同列に報道しました。社として安保法制に賛成していても、紙面では客観的な報道をするものと思っていた読者を驚かせました。

またテレビ局も、ＴＢＳやテレビ朝日は大きく伝えたのに対して、ＮＨＫや日本テレビ、フジテレビは、ほとんど伝えないか、ごく短く報じただけでした。安保法制は、日本のメディア状況を明らかにするものでもあったのです。

その後シールズは、安保法制を撤回させるには安倍政権を打倒することが必要であり、そのためには国政選挙で野党共闘を進めるべきだ、という方針を取ります。二〇一六年七月の参議院選挙では、反安倍政権の立場を取る各党の接着剤のような役割を果たしますが、「恒久的な組織を残すつもりはない」として、同年八月、組織を解散させました。中心メンバーは、それぞれの道を進み始めました。

日本に安保の方針を指南する文書があった

実は、安倍政権の方針には、「指南書」なるものが存在していました。それが、二〇一二年に発表された通称「アーミテージ・ナイ・レポート」です。

これは、アメリカのＣＳＩＳ（戦略国際問題研究所）が発表した報告書で、『米日同盟――アジアに安定をもたらす』という文書です。日本に対し、さまざまな提案（要求）をしているのです。

知日派で知られる二人のうちリチャード・Ｌ・アーミテージは、ブッシュ大統領（息子のブッシュ）政権で国務副長官を務めました。ジョセフ・ナイは、ハーバード大学教授で、クリントン政権で国防次官補を務めたことがあります。アーミテージは共和党、ナイは民主党ですが、ともに日本に対して注文をつけることが多く、「ジャパン・ハンドラー」（日本を操る人）と呼ばれます。

この中身を見ると驚きます。二〇一二年の段階で、日本に対し、次のような提案（要求）をしていたからです。

・原子力発電を慎重に再開すること。
・日本はアメリカからシェールガスを輸入すべきである。
・日韓の歴史問題を解決するべく努力するべきである。
・日本はＴＰＰに参加すべきである。
・日本は集団的自衛権を認めるべきである。
・日本はアメリカに武器技術を輸出すべきである。
・国連ＰＫＯで日本は武力を行使してでも貢献すべきである。

どうでしょうか。ことごとく日本政府が実現しようとしてきたこと、あるいは実現してきたことです。驚くべきは、軍事部門以外での要望もあるということです。安倍内閣が韓国との歴史問題での解決を進めたことも、アメリカに言われたからなのか、と思ってしまいます。

武器輸出に関しても、それまで原則として武器の輸出を禁止してきた「武器輸出三原則」を「防衛装備移転三原則」に転換。「武器」を「防衛装備」と言い換え、「輸出」を

「移転」と言い換えて、限定的ながらも武器を輸出できるようにしました。

二〇一五年夏の安保法制の成立により、日本は海外でのＰＫＯ活動の現場で、他国の軍隊に対する「駆け付け警護」が可能になりましたが、これも、この報告書に盛り込まれていたのです。

これまで自衛隊がＰＫＯで海外に派遣された場合、近くに展開している他国軍の基地が武装集団に襲われても、救援に駆け付けることができませんでしたが、今後はそれが可能になります。安倍政権は、二〇一六年夏の参議院選挙が終わった後の秋から、「駆け付け警護」を実施に移します。今後は、救援に駆け付けた自衛隊と武装勢力との銃撃戦が起きる可能性が出てきました。自衛隊員が死傷したり、武装勢力を死傷させたりする可能性が出てきたのです。

戦後、「軍隊ではない」として設立された警察予備隊は、遂に海外での武力行使が可能な「軍隊」へと発展しました。少しずつ少しずつ変質してきた日本の防衛政策と自衛隊。日本がどうあるべきか、国全体の議論が不足したまま、日本は変わりつつあります。これもまた「日本の民主主義」なのです。

第二章

日本の食とＴＰＰ

自作農を増やせば生産性向上――戦後の農地改革

ＧＨＱ（連合国軍総司令部）による日本の戦後改革の大きな柱の一つが「農地改革」でした。それまでの日本では自作農は三割にも満たず、大半は小作農家で地主に小作料を払いながら農業を営んでいました。

こうした大地主による大土地所有制度は封建的な社会の基盤となり、日本の民主化を妨げるものになっているとＧＨＱは判断しました。

また、一方に少数の大地主と、もう片方に多数の貧しい小作農という構図は、貧富の差を生み、消費の主流となる中間層を薄いものにします。所得格差を縮小させ、分厚い中間層を生み出すことが内需拡大につながり、さらには日本が海外の市場を求めての侵略国家になることを未然に防げると考えたのです。

また、自作農が増えると、生産意欲が高まり、食糧不足を解消することになり、日本社会の安定につながると考えました。

一九四五年、ＧＨＱは日本政府に「農地改革に関する覚書」を送り、改革を促します。それに応えて幣原喜重郎内閣は、「農地調整法改正法」を成立させます。これが「第一次農地改革」と呼ばれるものです。

しかし、ＧＨＱはこの改革法を認めませんでした。ここでは、不在地主の所有となっている小作農地のすべてと、在村地主のおよそ五ヘクタール以上を小作人に譲渡するとなっていて、その売買に政府は介入しないことになっていました。

これでは早急な進展は望めないとＧＨＱは考え、拒否したのです。日本政府は「第一次農地改革」を変更して次の案を出しますが、ＧＨＱは満足せず、結局連合国のイギリスやソ連の改革案をもとに「第二次農地改革」案が政府に指示されました。新たな案では、不在地主の小作農地すべてと、在村地主の約一ヘクタール以上（北海道は約四ヘクタール）を政府が買収し、小作農家に優先的に売却するというものでした。これにより三割未満だった自作農は七割にまで増加することになります。

自作農が増えたことで、農民の労働意欲も増し、徐々に生産高も増えて食糧難は解消されます。ちなみに、これと同様のことは、中国において鄧小平《とうしょうへい》が人民公社を解体したときにも起きています。中国では、毛沢東《もうたくとう》の「大躍進政策」によって農業生産性がきわめて低くなり、多くの餓死者を出すような状態が続いた時期がありました。農民はすべて人民公社の社員でしたから、一生懸命働いてもそうでなくても給料は同じ。おのずと決められた仕事しかしなくなります。ところが農業は自然が相手ですから、ときには夜中にでも畑に出て農作物を守らなければなりません。しかしどんなに頑張っても作物は人民公社のものですから、誰もそこまではしなくなったのです。生産性は急激に低下していきました。

この構造を理解していた鄧小平は人民公社を解体し、生産請負制を導入します。つまり公社で働いていた農民に一定の土地の耕作を請け負わせ、そこで生産した一部を国に納めれば、残りは個人のものになるようにしたのです。当然ですが営農意欲は高まり、生産性は向上して飢餓がなくなっていくのです。

農民の保守化進む

農地改革以前には、日本で初めての農民の組合である日本農民組合が組織されていました。この組合は、全国で小作農に支持され、小作料の引き下げや小作農民の権利を主張して「小作争議」（小作農による闘争）を組織していました。この団体は、選挙においては社会党の大票田でした。

ところが農地改革によって小作農が減少し、多くが自作農になっていくと、農民は自分の土地を守ることに必死になります。土地は家族の基盤であり、改革などによってその基盤が危うくなることは望みません。それを守ろうとすることで、農民たちは次第に保守的になり、やがて保守政権、つまり自民党を支えるように変質していきます。例えば米どころである新潟の農民も、多くが日本農民組合の組合員でしたが、自作農となると、やがては自民党の田中角栄《たなかかくえい》の後援会である越山会に入り、自民党王国を支えるようになります。

大地主をなくして民主的な農村をつくろうという農民組合や社会党の運動は、皮肉にも自らの支持基盤を切り崩してしまったのです。

主食の欧米化進む

自作農が増え、農業生産性は向上しますが、戦後の食糧難が解消されるまでには、何年もの時間がかかりました。そこにアメリカでの小麦の大豊作の時期が重なります。アメリカの余剰小麦が日本に入ってきました。アメリカは、日本を小麦の一大消費地にして輸出先を確保しようと考えたのです。

しかし、米が主食の日本人に小麦を消費させるには、食に対する意識の改革が必要でした。厚生省に栄養課が設置され、欧米食の宣伝がなされるようになります。

「日本が戦争に負けたのは、米を食べていたからだ。米は腹持ちがいい分消化が悪く、食後に脳が働き出すまで時間がかかる。そのせいで戦争に負けたのだ。欧米が戦争に勝ったのは、食生活にも理由があり、日本も欧米食を見習うべきだ」

いまから見れば荒唐無稽な論理ですが、当時はこういう話が世の中に流れ、信じた人も多かったのです。欧米に戦争で負けたという現実があったのですから。

日本人の意識改革の役割を果たした一つが「キッチンカー」（栄養指導車）でした。一九五五年に設立された日本食生活協会は、アメリカの指導と支援を得て八台の「キッチンカー」をつくり、全国を巡回します。キッチンカーには、ガスレンジ、冷蔵庫、流し台などが備えられ、小麦や大豆を中心にした献立の料理を実演して、日本の主婦たちにパン食や小麦と大豆の栄養価とその料理法を宣伝しました。

また同時期に始まった学校給食においてもパン食が導入され、アメリカの余剰小麦が消費されます。子どもたちはパン食になじみ、主婦は欧米食に目覚め、この時期から日本の食生活が大きく変化していくことになりました。

この頃筆者は小学生でした。自宅の食事は米中心でしたが、時折り麦が混じっていました。「貧乏人は麦を食え」という池田勇人大蔵大臣（後の首相）の発言が物議をかもしましたが、白米のご飯は豊かさの象徴。麦の食事もごく一般的でした。そんな食生活であっても、学校給食に出るのは食パン。私も給食で食パンの味を覚え、やがて家庭でも朝食はパン食に変わっていきました。

増産のための干拓事業始まる

戦後の食糧不足と同時に政府が抱えた大きな問題は、復員軍人や大陸からの引き揚げ者による人口の増大でした。これを解消するには農地を増やし、そこに希望者を入植させる「帰農促進」しか方法はないと考えます。政府は土地改良に予算をあて、食料自給率を上げることを目的とした「食糧増産五カ年計画」を進めます。この中での一大事業が秋田県の八郎潟《はちろうがた》の干拓でした。

当時の八郎潟は日本海につながる汽水湖で、琵琶湖《びわこ》に次ぐ日本で二番目に大きい湖でした。漁業も行われていましたが、水深が浅く、明治時代から干拓の計画はあったものの、実現に至っていませんでした。一九五四年、政府はオランダから技師を招き、干拓に着手しました。本格的な工事が始まったのは一九五七年で、八年後の一九六五年に八郎潟干拓地への入植が始まります。

ところがこの間に日本の食糧をめぐる状況は大きく変化していました。農業機械や肥料の導入などで米の生産効率は向上し、さらにパン食の普及も伴って、一九六七年には米の完全自給を達成しました。食糧増産の事業が進む中、米が余り始めていたのです。

米の生産調整始まる

一九四二年に制定された食糧管理法は、戦時中の食糧不足の中、主食である米や穀類の価格や出荷量を政府が決定し、供給と需要のバランスを保とうというものでした。戦後、輸入食料が増え、国内での生産力も高まっていく中で、この法律は改正を重ねていきますが、一九六七年に米の完全自給が達成された段階では、生産者米価と消費者米価の二重価格制がとられていました。生産者米価は、政府が生産者である農家から米を買い取るときの値段で、一方の消費者米価は、政府が消費者に売るときの値段をいいます。米が不足しているときには、生産者米価より消費者米価を高く設定できますが、米が余ってくると、その値段は逆転してしまいます。生産者の保護と、都市部と農村部の所得格差を生まないためにも生産者米価は上げていかなくてはなりませんが、インフレを起こさないためにも消費者米価を抑えなければなりません。こうして食糧管理制度は大きな赤字を生み、赤字は税金で補塡されることになるのです。

この赤字増大が深刻な問題となった政府は、一九六九年、米の生産調整を決定します。これは、消費量と同じところまで生産量を引き下げるというものです。さらに、それまですべての米を政府が買い上げていたものを一定量に限定しました。政府に買い上げられなかった米は「自主流通米」として販売することが可能になりました。
生産調整は「減反政策」とよばれました。減反の「反」は面積の単位。米の作付面積を減らすということです。米の作付面積を制限し、それ以外の田んぼに対しては奨励金を出して他の作物に転作させるというものでした。奨励金を出すことで農家が自主的に転作に取り組むのを促す、というのが政策の名目でしたが、実際は義務的な減反でした。米作りに熱心に取り組んできた米農家にとって納得できるものではありませんでした。転作した農地をそのまま放置して奨励金だけ受け取るという不正受給が増え、休耕田も増加しました。

生産増大を目指し、大規模農場のモデルとしてスタートしたばかりの八郎潟も例外ではありませんでした。減反に反対する一部の農家は、割り当てられた農地以外でできた米を「ヤミ米」として売り始めます。食糧管理法に違反する行為でした。政府としては黙認するわけにいきません。ヤミ米を積んだトラックを阻止するために国が道路を封鎖するということまで起こりました。減反に従う農家と反対する農家で、村は二分されてしまいました。日本の農政の混迷が農家の分断を生んだのです。

生産調整という名の減反政策は、さまざまな形で変化していきますが、導入当初は米の生産量は減ることなく、米余りの状態はしばらく続きました。農政の迷走は、現在にいたるまで日本の農業に問題を残したのです。

海外に市場を開く苦悩——ガット（GATT）

戦後の日本が取り組まなければならなかった課題の一つがガット（GATT）でした。一九二九年にアメリカ・ニューヨーク株式市場で株価が暴落して始まった世界恐慌では、不況に苦しむ各国が、自国の産業を守るために輸入品に高い関税をかけるという保護貿易に走りました。それが結果として世界の貿易を停滞に追い込み、世界恐慌を深刻化させたと指摘されています。その教訓から、第二次世界大戦後は、保護貿易をやめることが世界経済のために利益となり、ひいては新たな世界大戦を防ぐことになると考えられました。

一九四七年、関税を引き下げたり輸入枠を拡大したりして、貿易の自由化をはかることを目的として成立したのがGATT（関税及び貿易に関する一般協定）でした。工業製品をはじめあらゆる品目が対象になりました。日本は一九五五年に正式加盟しています。

この交渉は、日本の農業と食卓に大きな影響を及ぼすことになります。

貿易の自由化に関して、各国の思惑はほぼ同じです。競争力のある得意な産業分野においては、相手国の関税を撤廃してより多く売れるようにしてもらいたい。一方で競争力の低い分野では、ある程度の関税を残し、輸入を制限して国内の産業を守りたい。これが各国の本音です。

日本においては、自動車を筆頭とする工業製品の輸出拡大をはかりたい一方、国際的な競争力が十分に身についていない農産物は、輸入量を制限したり、関税を高いままにしたりして国産品の保護を考えました。

ＧＡＴＴに一九五五年に加盟した日本は、一九六〇年には農産物一二一品目の自由化を決めました。さらに六四年まで自由化の品目を増やし、この時点で輸入制限品目、つまり自由化されていない農水産物は七二品目までに減りました。この時期に自由化されたものに、バナナやコーヒー、大豆があります。それまでバナナは、一般家庭では「病気のときにしか口にできない」ような高価な果物でしたが、この自由化でいつでも食べられるようになったのでした。筆者の家庭でも、この時期からバナナが時折り食卓に並ぶようになり、子どもの私は、その美味《おい》しさに感動したものです。

日本にとって重大な課題になったのは、一九八六年からの「ウルグアイ・ラウンド」でした。「ラウンド」とは、ボクシングの第一ラウンド、第二ラウンド……、のラウンドと同じ。南米ウルグアイでの会議で決められた目標を達成することが加盟国に求められ、これを「ウルグアイ・ラウンド」と呼びました。それまで海外からの農産物に高い関税をかけていた日本は、方針転換を迫られます。

ウルグアイ・ラウンドと並行して交渉が進められていたのが、アメリカからのオレンジと牛肉の輸入規制撤廃問題です。

一九八四年、日本はかねてからアメリカに迫られていた牛肉とオレンジ、オレンジ果汁の輸入枠を拡大します。しかしアメリカは納得せず、日本が輸入制限をしている一二の農産物についてガット違反であると提訴し、さらに日本に圧力をかけます。その結果、牛肉とオレンジは一九九一年、オレンジ果汁は一九九二年から制限枠を撤廃せざるをえなくなりました。

これによって日本のみかん農家は大打撃を受けることになります。貿易の自由化によって、それまで日本の市場になかった果物が増え、みかん離れが進んで消費量も減少しているところへ、アメリカから安いオレンジが入ってくるようになったからです。

牛肉は高価な食品でしたが、大規模農場で生産された、国産よりはるかに安い牛肉がアメリカやオーストラリアから輸入されるようになります。

筆者にとって、社会人になった一九七〇年代、すき焼きは年に数回、祝いごとや仕事のプロジェクトの打ち上げなどでしか口にすることができませんでした。しゃぶしゃぶを初めて口にしたのも、社会人になってからでした。これ以降、すき焼きやしゃぶしゃぶに、以前のような特別感は減少しました。嬉《うれ》しいような、残念なような……。

オレンジと牛肉の自由化で、「日本のみかん農家と畜産農家は壊滅する」と言われました。たしかに廃業に追い込まれる農家もありました。しかし、みかん農家は品種改良に取り組んで日本人の口に合う新たな柑橘類《かんきつるい》を生み出したり、加工用に転換をはかったりして生産を続けます。牛肉に関しては、ＢＳＥ（牛海綿状脳症）に感染した牛が見つかって安全性が重視されるようになり、その点において信頼のおける国産牛肉が支持されます。

自由化によってみかん農家も畜産農家も打撃はこうむりましたが、その一方で品種改良やブランド化をはかって競争力をつけていったことも事実です。

オレンジと牛肉ではアメリカに譲歩した日本政府ですが、「これだけは譲れない」と主張していたのが、米の輸入自由化です。多くの政治家が「自由化絶対反対」を唱え、選挙公約にも掲げていました。「米は一粒たりとも輸入させない」と政治家たちは主張していましたが、遂に政府は米の輸入自由化に踏み切らざるをえない事態に追い込まれます。

二〇世紀の末に起きた「米騒動」

一九九三年、日本は記録的な冷夏に見舞われます。長雨と日照不足は米の生育をさまたげ、深刻な不作になりました。作況指数は平年を一〇〇としてその年の米の出来高を表しますが、この年は全国で七四にまで下がります。九四～九一が「不良」で九〇以下は「著しい不良」という基準ですから、いかに不作だったかがわかります。

市場の米はたちまち品薄になり、売り惜しみなども多発して、小売店から米が消える状態にまでなりました。

この頃、当時の農水省は、農家から買い上げて備蓄する米の量を削減していました。備蓄にかかる費用を抑えようという試みでした。この結果、備蓄を減らしてしまったため、米不足に対応できず、騒動に拍車をかけました。日本は米の輸入に追い込まれます。これについて、農水省による陰謀ではないかとの疑惑が囁《ささや》かれました。「いずれウルグアイ・ラウンドで米の輸入を迫られることになるので、備蓄量を減らして米不足を演出すれば、輸入に対する国民の拒否反応は薄れるだろう」と農水省が仕掛けをつくっていた、という説です。事実関係の確認は取れませんが、その後の展開を考えると、ありそうなことに見えてきます。

いずれにしても、この混乱に直面した細川護熙《ほそかわもりひろ》内閣は、米の緊急輸入を決定。アメリカ、タイ、中国などから二五〇万トン以上の米の輸入が行われました。

「おいしい外国産米の料理法」などがテレビや雑誌で紹介され、需要の促進がはかられましたが、国産米の人気は根強く、外国産米の消費拡大には至りませんでした。日本の緊急輸入に応えて備蓄分まで提供したタイでしたが、そのタイ米は日本人の嗜好《しこう》に合わず、最終的には大量に廃棄されてしまい、大問題になりました。

この一九九三年の不作と緊急輸入がきっかけで、日本政府は「部分的な自由化」を認めざるをえなくなりました。米に関しては、輸入禁止を撤廃しますが、代わりに高い関税をかけることにします。関税率は七七八パーセントという高いものになりました。それだけ国産の米の価格が高いということでもありますが、これで国産米を守ったのです。

しかし、関税撤廃がウルグアイ・ラウンドの趣旨ですから、これに反する行動にはペナルティが科せられます。それが「ミニマム・アクセス」（最低輸入枠）です。主にアメリカから、国内消費の四〜八パーセントという数量限定（ミニマム・アクセス）で米を輸入することになりました。年間七七万トンです。これは必ず輸入しなければならない義務ではありませんが、日本政府は、米の関税化と引き換えに、日本国内で余っている米を輸入し続けています。

こうして輸入した米は、破砕して主食用に転用できないようにしたうえで、煎餅の原料などの加工用限定で民間に売り渡しています。煎餅の包装紙や原材料欄に「国産米使用」と明記していないものは、こうしたミニマム・アクセスで輸入した米が使われている可能性が高いと言っていいでしょう。要するに、「主食用の米に限れば自給率一〇〇パーセント」を維持し続けるための苦肉の策なのです。

国内対策費を大盤振る舞い

「米は一粒たりとも輸入させない」と言い続けてきた政府は、農業関係者の猛反発を抑えようと、資金のバラマキに走りました。

政府は、「緊急農業農村対策本部」を設置し、対策費として六年間で約六兆円もの予算を盛り込みました。「バラマキでは納税者の理解を得られない」という大蔵省（現在の財務省）からの声もありましたが、ウルグアイ・ラウンド合意に反対する社会党の主張に自民党も同調してこの数字になったのです。しかし、対策費の目的は曖昧で、中には温泉施設の建設などにもあてられて、批判を浴びました。

この方針について農水省は二〇〇九年三月になって、ウルグアイ・ラウンド関連対策の実施についての検証をまとめています。そこには、「事業実施地区における目標に対する達成度合等をみると、一部、諸情勢の変化により目標達成が必ずしも十分でない事業もあるが、一定の効果を上げているものが多い」と記されています。

役所が「目標達成が必ずしも十分でない」と評価するなど異例のことです。要するにうまくいかなかったものが多い、ということです。

さらに、「①マクロ的動向として農家の平均経営規模の緩やかな増加などがみられるが、ＵＲ（ウルグアイ・ラウンドのこと。筆者注）関連対策の効果とそれ以外の影響との分離が困難なこと。

②事業メニューが一般施策と同じものが多いことなどから、以後、ＵＲ関連対策のみの寄与度の把握はせず、平成一二年度施策から毎年実施している政策評価において評価を実施し、結果を農業政策に反映」と書いています。

つまりはウルグアイ・ラウンド対策の評価はできないと言っているのです（『ウルグァイ・ラウンド（ＵＲ）関連対策の検証　平成二一年　農林水産省』より）。

これについて、二〇一五年一一月、ＴＰＰ（環太平洋経済連携協定）の農業対策を話し合う自民党の会合で、当時の対策づくりに関わった谷津《やつ》義男《よしお》元農林水産相が次のように反省の弁を口にしています。

〈政府は一九九三年に合意したガット（関税貿易一般協定）の多角的貿易交渉「ウルグアイ・ラウンド」の対策として、約六兆円の農業対策費をつぎ込んだ。

農林族の断食座り込みや農協の強い圧力を受けて予算規模が決定直前に倍にふくらみ、「使い道に困って多くが公共工事に向かった」。農業と関係ない温泉施設などがつくられ批判を浴びた。「まさか温泉を掘るとは思わなかった」「止めることができず反省している。選挙も控えていた」〉（朝日新聞一一月一三日付朝刊）

その後、二〇一六年二月になって、谷津は日本経済新聞記者のインタビューに答え、さらにあけすけに当時の様子を語っています。これを見ると、日本の農政がどのような環境にあったか（あるか）がよくわかります。少々長いですが、引用します。

〈一九九四年に貿易自由化の対策費として決めた六兆一〇〇億円もの予算は、農業と関係ない公共事業に多くが使われた。日本の農業生産額は約一一兆円から八兆円に縮小し、農業従事者は六五歳以上が約七割を占めるようになった。なぜ巨額の予算は有効に利用できなかったのか。当時の経緯を聞いた。

――一九九四年九月、はじめに政府が出した対策費は三兆五〇〇〇億円でした。たった二日後には政治主導で二倍近くに膨らみました。

「あのとき『三兆円で足りるわけがない』と農業団体が自民党を取り囲んでいた。農林族は危機感が募り、私もさんざんはっぱをかけられた。党が取り囲まれていて、農林族で大蔵省に乗り込むことになり、じゃんじゃん積み上がった結果が六兆一〇〇億円だった。それが良くなかったんだ。使い切れないほどカネができたもんだから、温泉を掘ったり構造改善事業と称したりして使ってしまった。実際には排水施設など『こんなカネのかかることしていいんだろうか』って思ったものもあった」

――本当に農業のためになるか、冷静に議論する余地はなかったのでしょうか。

「はっきり言うと、非自民の連立政権はこんなことをやったけど、自民党は違うと見せようとしたのが六兆一〇〇億円もの予算になった。ウルグアイ・ラウンド交渉は非自民の細川内閣のときにほとんど話ができて、羽田《はた》内閣になり、自民党と社会党で村山内閣をつくって我々が政権に復帰した。そこで予算を組んだ。私もそんな金額までいくと思っていなかった」（中略）

――農業予算へのプレッシャーは外部からも感じていたのですか。

「当時はＪＡ全中（全国農業協同組合中央会のこと。筆者注）が貿易自由化に反対する急《きゅう》先鋒《せんぽう》だった。全国から農業団体が押し寄せ、国会前はデモの行列となった。自民党は連立政権として復帰したとたん、永田町の党本部がウルグアイ・ラウンドに反対する農業団体に取り囲まれた。その状態で予算を組む期限は迫っていたから、言うことを聞きすぎてしまった。しかも地方自治体まで職員を動員し、党本部には廊下まで人がなだれ込んできた。議員はもみくちゃにされ、会議室にたどり着くのもやっと。農林族じゃない議員だって激しい言葉を浴びせられた。全中はどの議員がどんな発言しているかすべてメモしていて、とくに激しい北海道の農協は一覧表を作っていた。だから農林族は必死な形相で農協からの陳情を会議で延々としゃべろうとした。議事進行を巡って党の予算会議でケンカになるのはしょっちゅうで、アルミの灰皿を投げつける議員までいた。

『表へ出ろ、この野郎』なんて激しいやり取りもあった。そして農業保護というより、やりすぎて『天下の悪法』と呼ばれるような政策までつくってしまった」（中略）
「村山内閣をつくるとき、まさか自民党と社会党が手を結ぶなんて想像がつかなかった。私も含めて自民党議員は署名に手が震えるほどだった。それでも『連立で政権に復帰できるなら』と。社会党も『なぜ正反対の自民党と手を組むのか』という議論をまとめるのに相当苦労した。それほど不安定な状況で予算を組むこととなり、選挙対策としてみんな考えざるを得ない面があった。ただ、農業生産高が当時で一〇兆円程度のところに六兆円もの予算がついた。正直なところ、何に使うんだってことになった」
――農業予算なのに温泉を掘ったのは、「農山村地域の活性化」という文言が利用されたようですね。
「一つの論理として『農村文化が破壊されてしまう』と地方からいわれた。それを守るため、農業だけじゃないところにも予算を付けるという根拠になった。自治体は『農業ができなくなったら国土は荒れ放題になって住む人間がいなくなる』と訴えていた。コメでも何でもうんと安くなるという考え方があったから。それで農村文化という概念が持ち出され、地域にカネをつけろということで予算が急激につけられた。むしろカネはそっちの方がかかり、本来の農業のために使うのは少なくなった。温泉は農業者の憩いの場ということだったが、競争力をつけるためにどう役立つのだろうと思っていた」〉

この貿易自由化の対策費が、国内の農業の保護や新たな農業推進に役立てられたかどうかは、それが何に使われたかを見れば明らかです。結局は、自民党の大きな支持層である農業団体や自民党内の農林族議員の圧力に屈し、一般国民への説明責任を果たさないまま、巨額の税金をばらまいたことになりました。

これが日本の農政であり、日本の民主主義のレベルだったのです。

WTO（世界貿易機関）へ

ウルグアイ・ラウンドの交渉の中での大きな変革は、WTO（世界貿易機関）の設立でした。ガットはあくまでも協定であり、そこで定められた貿易のルールを運営していくためには、常設の国際機関が必要になっていたのです。

WTOはガットを引き継ぐ形で一九九五年に設立され、本部はスイスのジュネーブに置かれました。しかし、WTOになっても、例外のない自由貿易を求める工業先進国と、特例を求める他の国との間で意見はまとまらず、目立った進展はありません。

多数の国が同時に話し合っても進展がない。そう考えた国々は、対象国を限定した二国間でのFTA（自由貿易協定）交渉を加速させることになります。これがやがてTP

Pへと移行していくのです。

食の安全より「安心」

輸入制限の枠を取り外して関税化することにより、多くの農産物が日本に入ってくるようになりました。これによって日本の農業が打撃を受けないように、政府は補償や対策費を使ってきました。しかしこれは政府の「アメとムチ」。自由化反対の声に対しては理解を示す態度で臨み、自由化を決めざるをえなくなると、補償や保護でなだめるということを繰り返してきたのです。

その一方で、海外からの農産物や食品がどんどん入ってくるようになると、「食の安全」がしきりに言われるようになります。先に述べたBSE（牛海綿状脳症）問題もその一つでした。BSEは一九八六年にイギリスで確認された牛の感染病です。神経で異常プリオン（感染を引き起こすたんぱく質）が増殖することにより、脳神経を侵され、脳がスカスカの海綿のような状態になるので、この名前があります。当初は「狂牛病」とも呼ばれました。

BSEに侵された牛の肉を食べると、稀ではありますが、人間でも同じような症状のクロイツフェルト・ヤコブ病を発病する可能性があることをイギリス政府が発表しました。これによって欧米は大混乱。日本国内でもBSEに感染した牛が見つかると、牛肉離れが起こりました。

BSEばかりではありません。アメリカから輸入されるグレープフルーツに使用された防カビ剤に、日本では発がん性物質だとして禁止されている種類が含まれていることがわかって問題になったこともあります。

作物の生育を促進するための化学肥料や、長期の保存に耐えるための薬品は、日本を含めた世界中で使われていますが、使用基準は各国でまちまちです。中でも日本は基準が厳しかったため、外国からの食品の安全性が問われるようになったのもこの時期でした。その結果、「国産なら安心」という風潮が生まれました。

ただ日本は「安全より安心」を求めるあまり、対策が過剰になるところもあります。BSE問題にしても、アメリカで発症例が見つかって二度輸入を停止した後の輸入からは、すべての牛に関してBSE検査を行いました。このときアメリカは、生後二〇か月未満の牛を検査してもBSEを引き起こすプリオンは検出できないのだから、全頭検査は科学的に意味がないと中止を求めます。科学的にはアメリカの主張通りなのですが、「安全より安心」の日本は全頭検査廃止に踏み切れません。二〇〇一年から続けていた全頭検査を中止したのは二〇一三年。それまで多額の費用を費やしてきたのです。

TPP参加へ

戦後の日本の農政のあり方が、改めて問われたのが、TPPへの対応です。TPPは、二〇〇六年、シンガポール、ニュージーランド、チリ、ブルネイの四か国間での包括的な経済連携協定をもとに始まりました。太平洋周辺の国々による広域経済連携協定のことです。二〇〇八年にアメリカが参加を表明し、二〇一〇年に、オーストラリア、ペルー、ベトナムを加えた八か国で交渉が始まりました。同年一〇月にマレーシア、二〇一二年にはメキシコとカナダが交渉に加わり、一一か国になりました。

日本は二〇一三年に、一二番目の国として交渉に参加しました。TPPにおいては、輸出入品目だけでなく、サービスや投資、知的財産なども対象に自由化が交渉され、世界最大規模の自由貿易圏が誕生します。

具体的には、現在流通している八〇パーセント近くの品目が、関税即時撤廃となり、残りに関しても、一〇年間をめどに関税を廃止します。

交渉参加にあたり、自由化例外品目を提示しての参加は認められないとされましたが、各国とも関税を残して保護したい品目があり、合意には時間がかかりました。

結局、二〇一六年二月四日、ニュージーランドのオークランドでTPP署名式が行われました。

ところが、ＴＰＰ交渉を主導した肝心のアメリカ国内では、二〇一六年の大統領選挙で当選した共和党のドナルド・トランプ大統領がＴＰＰから離脱してしまいました。ＴＰＰが実施されると、海外から安い工業製品が流れ込み、アメリカの国内産業に悪影響を与えるから、というのが理由です。アメリカのオバマ政権の強い圧力によってＴＰＰ参加を決めた日本ですが、アメリカによってはしごをはずされてしまいました。結局、アメリカ抜きでＴＰＰは発効しました。

ＴＰＰと日本の食

ＴＰＰによって影響を受ける農産物の中でも、特に自由化の影響が大きいとされているのが、米、麦、牛肉・豚肉、乳製品、甘味原料（砂糖キビなど）の「重要五項目」です。これらの品目は国内外の価格差が大きく、高い関税によって保護されてきました。

政府はこれらの五項目を「重要五項目」に指定。引き続き関税を維持したり、一定量の輸入枠を超えた場合に関税をかけられる「セーフガード」を確保したりできることから、有効な措置が獲得できた、と説明しています。しかし、ＴＰＰはあくまで「例外なき自由化」が原則ですから、その保証はありません。重要五項目の五八六品目中一七四品目の関税が撤廃されます。

今回の合意で、農林水産物二五九四品目のうち、約八二パーセントにあたる二一三五品目について、関税が撤廃されることになりました。重要五項目以外の、国内への影響が予想されるものについても、農林水産省は「関税の撤廃までの期間を長期化できたため、影響は限定的だ」としていますが、一方で「長期的には国内産の価格が下落する可能性もある」と認めています。

TPP反対が公約だったが

「聖域なき関税撤廃」を前提にする限り、TPP交渉参加に反対します。これは二〇一二年の衆議院選挙のときの自民党の公約でした。自民党の選挙ポスターにも「ウソつかない。TPP断固反対。ブレない。」と明記されていました。

結果はどうあれ、「例外を前提」にしないまま交渉のテーブルに着いたことは、公約を違《たが》えたと言わざるをえません。「断固反対」が選挙対策用のキャッチコピーだったことは明白です。しかし、選挙が終わると、自民党議員たちは、安倍内閣が推進するTPPに反対の声を上げなくなります。これが日本の政治の水準です。戦後の日本の農政は、この繰り返しだったと言えるでしょう。

ＴＰＰによる農産物への影響をここまで懸念しなければならない理由の一つに、日本の食料自給率の問題があります。食料を供給熱量に換算して算出する「カロリーベース総合食料自給率」は、日本では二〇一九年の時点で三八パーセントにとどまっています。つまり、六二パーセントの食料は輸入に頼っていることになります。

以前からの自由化のために農家が努力を続け、国際的な競争力をつけてきた部分もありますが、長期にわたる補償中心の「減反政策」で、農業が魅力ある産業になりきれなかったのも事実です。選挙のたびに「補償」と「保護」を掲げ、政権の座につくと税金を使って国民をなだめる政策が繰り返されてきたのでした。

かつてウルグアイ・ラウンドによる米の輸入に反対してきた政府は、導入せざるをえなくなったとき、「公約違反だ」と詰め寄る自民党支持者に押されて、ウルグアイ・ラウンド対策費という巨額の無駄金を支出しました。その反省はどこまで生かされるのでしょうか。

日本を脅かす世界の農業

いま日本の農業は岐路に立っています。いや、長らく「岐路に立っている」と言われ続けているうちに、緩やかに衰退の道を辿ってきたと言っていいでしょう。

安倍首相は、二〇一八年に「減反政策」を廃止することを決め、「攻めの農業」への転換を主張しました。

日本の農業が世界と渡り合えるほどの競争力をつけていくには、代々の土地を受け継いでそれを守っていくという方法を変えていかなくてはならないでしょう。ブランド品種の開発で高価な作物に転作できるのは一部の農家だけ。全体を底上げするには農業形態を変えて、意欲のある若い人が参入できる産業にする必要があります。

しかし、日本の農業の規制は相変わらず厳しく、その形態を変えることは容易ではありません。例えば、全国の市町村には農業委員会というものがあります。新たに農業を行おうと思っても、農業委員会が農家としての要件を満たしていると判断しなければ、農地を取得することができません。本来農業委員会は、農地の転売などによる土地開発を抑止するために、農家やその家族から委員が選ばれたものですが、この委員会の許可がおりないために、集約的な農業形態が生まれにくいのが実情です。

産業の規制緩和と言いながら、安倍政権もこのあたりには、なかなか手をつけず、「攻めの農業」への転換の具体策は見えていません。

一方で世界の農業はというと、大規模農場もさることながら、最先端の技術活用がすでに行われています。穀物メジャーと呼ばれる企業です。例えば、アメリカのミネソタ州にあるカーギルという会社は、独自に人工衛星を所有していて、常に世界中の穀物の作柄を監視しています。その調査にもとづいて、不足が予想される穀物を遺伝子組み換えで生産したりしています。

またハイブリッド種の開発と市場展開も進んでいます。種を購入して栽培しても、その作物から種が取れない品種があります。その作物をつくりたかったら、永遠に種を買い続けなければならない仕組みになっています。

日本の消費者は「食の安全」に敏感です。日本の農業も、そうした消費者の厳しい目の中で成長してきました。中国の消費者も、そんな日本の農産物に熱い視線を注いでいます。安全で安心できて、高品質。こんなブランド農産物をどれだけ、どうやってつくっていくのか。それが問われています。

これまでは、結局は外圧（海外からの圧力）、とりわけアメリカからの圧力によって農産物の輸入自由化や関税引き下げに追い込まれてきた日本の農政。日本独自の戦略というよりは、「圧力を受けたから仕方がない」という調子で、ここまでやってきました。これでは日本の農業の未来が見えません。ここにも「日本の民主主義」の実態が透けて見えます。受け身ではない、長期的な戦略が求められているのです。

第三章

日本の原発政策

日本の核武装を容認?

二〇一六年一一月のアメリカ大統領選挙に向けての共和党の候補者選びの最中、不動産王で知られるドナルド・トランプは、日本の核武装を容認する発言をして、驚かせました。トランプは、日本と韓国を名指しして、アメリカ軍の駐留経費をもっと負担しなければ、アメリカ軍を撤退させると発言。その際、アメリカ軍がいなくなって北朝鮮の核が脅威であれば、独自で核武装してもいいではないか、と言ったのです。

第二次世界大戦後、アメリカは、日本や韓国が独自に核武装をしないように細心の注意を払ってきました。それが「核の傘」でした。「もしソ連や中国が核武装して自国の安全が心配ならば、アメリカが守る。もし日本や韓国に核攻撃があれば、アメリカが代わって核兵器で反撃するから心配するな」というものでした。

核の拡散を恐れ、将来アメリカに対抗するような政権になったときの危険を見据えての戦略でした。そういう過去の歴史を知らないトランプの発言は、東アジアの軍事情勢を揺るがしかねないものになりました。

世界で唯一の被爆国・日本は、核兵器の廃絶を世界に訴えてきました。その一方で、アメリカの「核の傘」の下にいることへの批判があります。

また、福島の原発事故が起きても原発の全面廃止に踏み切らないのは、「核開発」の能力を維持するためではないかとの疑念がつきまとうのです。原子力と民主主義をどうとらえればいいのか。戦後の核政策を振り返ってみましょう。

アメリカ、「核の平和利用」を提唱

冷戦最中の一九五三年、アメリカのアイゼンハワー大統領は国連総会でこう演説しました。

「わが国は、破壊的でなく、建設的でありたいと望んでいる。国家間の戦争ではなく、合意を欲している」

これは『Atoms for Peace』（平和のための原子力）と題された演説です。核保有国のすべての核とその情報を一か所にまとめ、国際機関が管理して世界中に拡散するのを防ごう、というものでした。

ソ連の水爆実験から四か月後のこと。ソ連の核技術が同盟国である中国や東欧の国々に伝わるのを牽制し、一方でその国際機関を牛耳ってしまえば、世界の核情報を手に入れることができると考えたのでした。そしてアメリカは、平和利用を目的とする国には、核も技術も提供する方針を打ち出しました。核ビジネスへの転換でした。

ここにはアメリカの事情もありました。第二次世界大戦中、アメリカは国家プロジェクトとして核兵器開発を推進しました。暗号名「マンハッタン計画」です。このプロジェクトで多数の科学者を雇用し、核関連の施設も多数建設しました。ところが戦争が終わって、核が不必要となると、大変なリストラが必要となります。「核の平和利用」と謳《うた》えば、こうした原子力産業を維持することができるのです。一見、善意に満ちた演説に見えますが、実際には軍事面でも経済面でも戦略的な提言でした。

それにいち早く呼応したのが日本でした。当時三六歳の野党・改進党所属の国会議員だった中曽根康弘は、国会での過半数を得られていない与党・自由党の足元を見て、原子力研究の予算を認めるように迫りました。予算を入れるなら、自由党の予算案に賛成する、というわけでした。

原子力に関する研究は、日本でも戦争中に行われていましたが、戦争が終わるとともにプロジェクトは中止。その後、サンフランシスコ講和条約で日本が独立を果たし、原子力に関する研究は、細々と再開されたばかりでした。そこに二億三五〇〇万円という巨額の予算がおりることになったのです。

二〇一一年に私がインタビューをしたときに、中曽根は「独立国家としてのエネルギー自給が必要であり、そのために原子力を開発する必要があった」と述べています。

ちなみに、「なぜ二億三五〇〇万円という金額になったのか?」と尋ねると、「核分裂を起こすウラン235にちなんで決めた」と答えました。そんな語呂合わせのレベルで金額が決まっていたのです。

メディアを利用した

唯一の被爆国であり、核兵器や原子力に対する反発が強い日本で開発の一歩を踏み出すには、その国民感情をコントロールする必要がありました。その手段の一つとして、メディアを使った宣伝活動が用いられました。その先頭に立ったのが、読売新聞社の正力松太郎《しょうりきまつたろう》でした。

わずか五万五〇〇〇部だった読売新聞の発行部数を、二七四万五〇〇〇部にまで押し上げた正力は、その部数を背景に、「原子力の平和利用」を呼びかける連載を始めます。「ついに太陽をとらえた」というタイトルで、原子力の平和利用は十分に可能であり、人類は無限のエネルギーを手に入れた、と謳いました。

敗戦から九年。まだ戦争の傷の癒えない国内でしたが、原爆に使われた原子力が復興の救世主になるという主張は新鮮で、多くの人を魅了しました。戦後、「平和国家」を目指そうと理想に燃えていた国民にとって、「戦争に使われたエネルギーが平和利用できる」という主張が魅力的だったのです。

第五福竜丸事件と原水協

一九五四年三月、遠洋マグロ漁船「第五福竜丸」が、南太平洋のビキニ環礁から一六〇キロメートル離れた場所で被曝《ひばく》します。ビキニ環礁で行われたアメリカの水爆実験によるものでした。「第五福竜丸」は、アメリカが設定した「立ち入り禁止区域」のはるか外にいたのですが、水爆はアメリカの予測以上の地域に爆発物と放射性物質をまき散らしたのです。

二週間後、静岡県の焼津《やいづ》港に帰った「第五福竜丸」の乗組員が被曝していることが判明し、その事実が報道されると、核の恐ろしさを多くの人が改めて知ることになります。

一九五四年五月、東京都杉並区の主婦たちが「水爆禁止署名運動杉並協議会」を発足させ、原水爆禁止を求める署名活動を始めます。運動はたちまち全国に広がり、一九五五年の八月には、約三二〇〇万人の署名を集めるまでになりました。この組織と活動を支えた人たちが中心になって、一九五五年八月六日、「第一回原水爆禁止世界大会」が広島市で開かれました。この大会がきっかけで「原水爆禁止日本協議会」（原水協）が結成されました。

政府、読売新聞、アメリカの巻き返し

第五福竜丸の事件があったにもかかわらず、「原子力の平和利用」のキャンペーンは、具体的な一歩を踏み出します。

その第一弾が、東京の百貨店、伊勢丹で開催された「だれにもわかる原子力展」です。一九五四年八月、読売新聞社が主催し、文部省、厚生省、農林省が後援して開催されたこの展示会の呼び物は、なんと「第五福竜丸」の「舵」でした。水爆実験によって被曝した船の舵は、原子力開発を推進するうえでマイナス・イメージにつながる恐れもあったはずですが、「これほどの力をエネルギーに変えられたら」と発想を転換させる戦略でした。

さらに一九五五年の一一月から一二月にかけて、読売新聞社とアメリカ広報庁の共催で、「原子力平和利用博覧会」が開催されます。会場は東京の日比谷公園で、三六万人もの来場者を集めました。この様子を読売新聞系の日本テレビが大々的に報じ、いかに

原子力が安全に利用できるかをアピールしたのでした。

アメリカ広報庁はこの博覧会の共催を他の新聞社にも持ちかけます。結局その後、全国一〇の会場で開催され、二六〇万人の来場者を呼ぶことに成功したのでした。

「原水爆禁止」の運動が盛んになる一方で、核兵器と原子力の平和利用は別ものであり、安全で、しかも自給できるエネルギーを得られる可能性が謳い上げられました。それに期待を寄せる人たちも多かったのです。

原発推進へ

「原子力平和利用博覧会」の開催とほぼ同時期、日本とアメリカの間で「日米原子力協定」が結ばれています。法律や行政の整備も整わない時点での調印でしたが、被爆国の原子力受け入れが将来のビジネスにもつながるとのアメリカの思惑から、急がれたものでした。

一九五六年一月、政府に「原子力委員会」が設置されます。初代の委員長は、前年の選挙で衆議院議員になっていた正力松太郎でした。正力は委員会の初会合で「五年以内に採算の取れる原子力発電所を建設したい」と発言し、安全性を重視する科学者は不信感を募らせます。ノーベル物理学賞を受賞した湯川秀樹《ゆかわひでき》もその一人です。当初は委員になっていましたが、あまりに急ぐやり方に異議を唱えました。技術を基礎から積み上げていくべきだと主張したのですが、受け入れられず、原子力委員会を辞任してしまいます。それでも政府主導の研究と開発が進められました。

同年六月、「日本原子力研究所」（略称・原研）が設立されます。一方で電力会社九社は、民間主導で原子力発電を進める方針を打ち出し、政府と対立します。結局、国の特殊会社である電源開発二〇パーセント、電力会社八〇パーセントの出資で折り合いをつけ、一九五七年に「日本原子力発電株式会社」（略称・原電）が生まれました。

管轄する省庁は、科学技術庁と通産省が互いに譲らず、技術研究は科学技術庁、原子力ビジネスは通産省という二元化の管轄形態が生まれました。実に効率の悪い形でのスタートです。役所ごとの縦割り行政という、日本の行政の宿痾《しゅくあ》が、ここでも顔を出したのです。

一九五七年八月、原研が茨城県の東海村に建設した原子炉で、初めての臨界を達成します。「臨界」とは、原子炉内のウランの核分裂が連続して発生する状態のことを言います。このとき新聞は「原子の火がともった」と報じました。原子力時代の第一歩を踏み出したと期待を寄せたのです。

そして一九六三年一〇月、アメリカのゼネラル・エレクトリック社から導入した原子炉で、初の原子力による発電に成功します。ただし、まだ試験炉でした。

その三年後の一九六六年、原電も同じ東海村で運転を開始しました。これが初の商業用原子炉でした。こちらの原子炉はイギリス製で、耐震性を高める改良を重ねましたがトラブルが続き、結局は廃炉にせざるをえませんでした。

原発建設へ

原発の運転が始まると、その後の原発をどこにつくるかということが問題になってきます。各電力会社が建設候補地に選んだのは過疎地でした。そこに原発ができれば雇用も生まれて若者の流出に歯止めがかかり、地域の活性化につながる、との説明でした。これによって建設を受け入れる自治体が出てくるようになりますが、反対する住民もいました。こうした電力会社の方針を、住民たちは、「実際は危険なものだから人口の少ない場所に建設するのだろう」と受け止めたからです。

一九六三年、三重県の芦浜《あしはま》に中部電力が原発建設を計画します。国もこれを認めますが、地元住民は反対運動を起こします。六六年には中曽根康弘を団長とする衆議院科学技術振興対策特別委員会の一行が海上から原発予定地を視察しようとしたところ、二〇〇隻の漁船に進路を阻まれました。この事件と継続した反対運動によって、芦浜原発は白紙撤回されたのです。

反対運動が激しさを増すのは一九六九年あたりからです。新潟県の柏崎《かしわざき》や巻《まき》、宮城県の女川《おながわ》、福島県の浪江《なみえ》や小高《おだか》などで、デモや反対集会が盛んに行われ、賛成派と反対派の対立も起こります。しかし、ほとんどの反対運動は全国的には広がらず、当初は建設予定地域に限られたものでした。

そのような中、一九七四年、原子力船「むつ」が放射線漏れの事故を起こします。原子炉を駆動力にすれば、燃料のことを心配せずに世界のどこにでも行ける。そんな「夢の船」が事故を起こしたのです。「絶対安全」といわれて進められた原子力政策でしたが、これによって国民は大きな不安を覚え、原発反対運動も都市部に拡大していきます。

電源三法で住民対策へ

原発反対の空気が全国に広まっていきつつあった一九七四年、田中角栄内閣は「電源三法」を成立させます。これは「電源開発促進税法」と「電源開発促進対策特別会計法」「発電用施設周辺地域整備法」の三つで、原発を受け入れた自治体に、交付金を支払うというものでした。これは、ガソリンに課して集めた税金を道路建設だけに使うという道路特定財源と同様の仕組みです。電力料金に課された税金を、発電所建設促進の交付金や補助金、周辺地域の整備のために使うというものでした。

火力発電所や水力発電所についても交付金はありましたが、原子力発電所への交付金は、他の二倍という数字でした。いわば財政難に悩む過疎地を合法的に「買収」する方法で、これによって建設予定地の懐柔は進んでいくことになります。建設を受け入れた自治体には、公民館、体育館、図書館など、新しい施設が次々にできました。

海外の事故に衝撃

一九七九年三月、アメリカ・ペンシルバニア州のスリーマイル島で事故が起きます。ここに設置された原子力発電所には原子炉が二基あり、修理のために一号炉を運転休止にしていましたが、稼働中の二号炉を、運転を止めずに修理しようとして、放射性物質が漏れる事故が起きたのです。

アメリカ原子力規制委員会（NRC）は、発電所から半径八キロメートル以内の子どもと妊婦に避難勧告を出し、周辺地域はパニック状態になります。実際にはそれほど広範囲の避難が必要なほどに放射性物質が漏れ出たわけではありませんでしたが、一二万人以上の周辺住民が避難しました。

さらに世界を震撼《しんかん》させたのは、一九八六年に起きたチェルノブイリ原子力発電所事故でした。

チェルノブイリは現在のウクライナにあり、一九八六年当時はソビエト連邦に属していました。チェルノブイリの原子力発電所には四基の原子炉があり、さらに二基が建設中でした。これらの原子炉は黒鉛型と呼ばれるもので、欧米や日本で使われているものと構造が違っていました。原子炉の運転を止めることなく使用済み核燃料を取り出すことができ、使用済み燃料からプルトニウムが取り出しやすいという利点がありました。つまり、プルトニウム型原子爆弾が製造しやすいというものだったのですが、危険性の大きさも指摘されていました。

一九八六年四月、実験中の作業ミスとその後の対応の悪さから起きた事故で、水蒸気爆発が起こり、大量の放射性物質が飛散しました。事故を察知したのはスウェーデンの原子力発電所でした。発電所内部に異常が見られないにもかかわらず、敷地内のセンサーが通常の一五〇倍もの放射性物質を感知したのです。ここの原子炉には異常がありませんでしたが、採取した放射性物質を分析した結果、原子炉内部から出たものであることがわかります。飛散してきた風の向きから、ソ連の原発で大事故が起きた可能性があると発表されました。

これにより、ソ連も事故を認めざるをえませんでした。事故から二日後のことでしたが、詳細は伝えられませんでした。

海外での事故により、日本でも原子力発電を不安視する声が高まりますが、政府は「日本の原発は安全である」と繰り返します。ところが、日本でも事故が起きました。一九九九年、東海村にあるJCOという核燃料加工会社の施設で、原子力発電所用のウラン燃料を製造中に、硝酸ウラニル溶液が臨界に達してしまいました。これにより、大量の放射線が発生。周辺住民が避難する騒動になりますが、臨界に達した溶液の核分裂を止めるのに手間取り、社員が「決死隊」を結成。放射線を浴びながら施設内に突入し、核分裂を止める作業に取り組みました。

作業がマニュアル通りに行われなかったために起きた事故でしたが、周辺住民も六〇〇人以上が被曝、作業に当たっていた三人の従業員は大量の放射線を浴び、苦しみながら二人が亡くなりました。日本の原子力開発史上初の犠牲者を出したのです。

そして福島原発でも

JCO事故は、放射性物質を扱う作業の危険性を知らしめましたが、これは原子力発電所の燃料棒の製造過程での事故でした。しかし遂に原子力発電所本体での事故が発生してしまいます。

二〇一一年三月一一日に発生した大地震は東日本を大きく揺らし、巨大津波を起こしました。この大津波によって、東京電力福島第一原子力発電所は全電源を喪失。高熱を発する核燃料棒の冷却が不可能になります。

　地震発生から一時間後、原子力安全・保安院（当時）は「東北地方すべての原発は緊急自動停止し、冷却機能が保たれている」と発表しましたが、福島第一原子力発電所では、冷却水を循環させるための外部からの電力が途絶え、非常用のディーゼル発電機は津波によって冠水していました。冷却システムは崩壊していたのです。

「冷却機能が保たれている」という発表から約一時間後、政府は「原子力緊急事態宣言」を発令。それから二時間以上経《た》って周辺住民に避難指示が出されました。

　大地震によって原子炉の運転は停止しましたが、停止しても、燃料棒の中の放射性物質は、高熱を発しています。これを、冷却水を使って冷やし続けなければならないのですが、電力が途絶えたことで、冷却水は循環せず、高熱によって沸騰を始めます。やがて水が蒸発して消滅すると、燃料棒を覆っているジルコニウム合金が融《と》け始め、水素が発生します。

　翌一二日には、一号機の格納容器から漏れ出た水素が原子炉建屋に充満し、遂に水素爆発を起こします。一四日には三号機が水素爆発。運転を停止していた四号機も、使用済み燃料プールの水を循環させることができなくなり、水素爆発を起こします。使用済み核燃料も、何年もの間、高い熱を発し続け、その間、冷却していなければならないのです。

原子力安全・保安院も東京電力も、「想定外の地震と津波」が事故を引き起こした、と説明しました。しかし、事前に高さ五・七メートルの津波を予測し、警戒を訴えた学者もいました。その声は無視されてきたのです。しかも、非常用のディーゼル発電機が原子炉よりはるかに低い位置にあったという設計ミスもありました。

「我が国において、非常用ディーゼル発電機のトラブルにより原子炉が停止した事例はなく、また、必要な電源が確保できずに冷却機能が失われた事例はない」「我が国の原子炉施設は、フォルスマルク発電所一号炉（スウェーデンの原発で、外部電源が供給できなかった上、四台の非常用ディーゼル発電機のうち二台が自動起動しなかった事例。筆者注）とは異なる設計となっていることなどから、同発電所一号炉の事案と同様の事態が発生するとは考えられない」

これは、二〇〇六年、当時の安倍総理大臣の国会での答弁でした。この答弁の責任は、問われていないのです。

原発行政と天下り

経済産業省の外局には「資源エネルギー庁」があり、ここは原発政策を推進する役目も果たしています。福島の原発事故当時、「資源エネルギー庁」の特別機関として「原子力安全・保安院」が存在していました。

「原子力安全・保安院」は、原子力やエネルギー産業において、安全管理を監視し、規制する立場でした。つまり、推進する側と規制する側が同じ省庁にあったのです。これで適正な機能が保たれるのかと疑問視する声もありましたが、組織改正はなされませんでした。

福島の事故の後、これらの機関から電力会社に天下りしたOBが、規制に干渉していたという事実が発覚します。緩い体制が原発の安全管理に悪影響を及ぼしていたと指摘されますが、それは福島の事故の後でした。

こうした批判を受けて、「原子力安全・保安院」は二〇一二年に廃止され、あらたに環境省の外局として「原子力規制委員会」が設置されました。

一方で経済産業省は事故後、電力会社への天下りを自粛するよう職員に求めましたが、東京新聞の調べでは、二〇一一年三月一一日から二〇一五年三月末までに、電力会社の関連団体に国家公務員のOBが少なくとも七一人（うち経済産業省が最多の一七人）も天下りしていることがわかりました。行政と電力業界の密接な関係は相変わらず続いているのです。

さらに、原発があるか、もしくは建設が予定されている一四の道県で、公務員幹部O

Bの少なくとも四五人が、電力会社やその関連団体に天下りしている実態も判明しています。

行政と電力業界の深いつながりは、日本が原発依存から抜け出せない構造を強固にしています。安全性をも脅かしかねないことは明白ですが、東京電力福島第一原発のその後が見えていない現在でも、実態は変わっていないのです。これもまた、戦後の日本の民主主義の実態です。

使用済み核燃料も問題だ

原発を運転するためにウラン燃料を燃焼させると、核分裂した残りのウラン235、核分裂しないウラン238、ウラン238が変わったプルトニウム239、そして各種の「核分裂生成物」と呼ばれるものが残ります。これらは強い放射性物質であり、「半減期」、つまり放射線の量が半分になるまでの期間が極めて長いものも含まれています。中でもネプツニウム237という放射性物質は、半減期が二一四万年。完全に放射線を出さない物質になるまでには何千万年もかかります。

原発が建設される時点で、このような強い放射性の使用済み核燃料が出ることは、もちろんわかっていました。しかし、「やがてその処理方法も見つかるだろう」という甘い観測のまま進められてきたのです。ゴミの問題を放置したまま建設と稼働を先行させたこと。これが、原発が「トイレなきマンション」と称されるゆえんです。

　使用済み核燃料をそのまま処分している国もありますが、日本ではそれを再処理し、再び核燃料として使用するリサイクルのシステムがとられています。使用済み核燃料からウラン235とプルトニウム239を取り出し、MOX燃料（プルトニウム・ウラン混合酸化物燃料）に加工して、再度原発で使うというものです。これによって資源を再利用し、放射性廃棄物の量を減らすことができるという理屈です。MOX燃料を原子力発電所で使用する方法は「プルサーマル」と呼ばれ、東日本大震災で事故が起きた東京電力福島第一原子力発電所の三号機も、この方式を採用していました。

　このMOX燃料製造の大半は、フランスなどの海外の工場に委託していましたが、国内での大量製造を目指し、青森県の六ヶ所村に日本原燃が工場の建設を進めています。しかし、建設中の再処理工場ではトラブルが続き、一九九三年に本格的な建設が始まった時点では一九九七年に完成するはずでしたが、計画は何度も延期され、二〇二〇年の二五回目の延期決定では、完成は二〇二二年度とされています。そのたびに費用も膨れ上がり、七六〇〇億円と見込まれていた建設費用は、約二兆九〇〇〇億円にまでなっています。

　一九九四年、福井県敦賀《つるが》市で動力炉・核燃料開発事業団（略称「動燃」。現在の事業主体

は日本原子力研究開発機構）が運転を開始したのが、高速増殖炉「もんじゅ」です。この原子炉もMOX燃料を使用しますが、プルトニウムから出る中性子のスピードを高速に保つことで、ウラン238を効率的にプルトニウム239に変化させることができ、「プルトニウムを使えば使うほどプルトニウムが増える」というものです。そこで、「高速増殖炉」と呼ばれます。

しかし「もんじゅ」は運転開始翌年の一九九五年に、冷却材として使われている液体ナトリウムが漏洩《ろうえい》し、それが原因で火災事故を起こします。このときの動燃の事故対応は遅く、さらに事故を隠ぺいしようとしたことが明るみに出て、批判が集中します。二〇一〇年には、原子炉内の燃料を交換する装置（炉内中継装置）が吊《つ》り上げ作業中に落下するという事故を起こし、二〇一八年、廃止されることが決まりました。

使用済み核燃料のリサイクルを目指した日本ですが、高速増殖炉は一日に約五五〇〇万円の維持費をかけながら停止したままの状態が続いてきたのです。

さらにリサイクル燃料の製造工場も完成していません。これまでに全国の原発から発生し、再処理工場に移された以外の使用済み核燃料は一万トンを超え、その大半は行き場のないまま各原発の敷地内に保管されています。青森県六ヶ所村には、使用済み核燃料の貯蔵施設がありますが、こちらはほぼ満杯の状態です。最終処分の計画はありますが、その候補地は決まっていません。青森県は、自分の県に最終処分場を建設しないことを条件に使用済み核燃料の貯蔵施設を認めています。つまり、青森県以外に最終処分場を建設しなければならないのですが、その見通しは立っていません。

二〇二〇年になって、北海道の寿都町《すっつちょう》と神恵内村《かもえない》が、その地質が処分地としてふさわしいか調査に応じることになりましたが、結論が出るのはまだ先の話です。

世界で最初に高レベル放射性廃棄物の最終処分地を決定したのは、北欧のフィンランドでした。国内西部の地盤の固いオルキルオト島に、深さ四〇〇メートル以上の穴を掘り、ここに放射性廃棄物を埋設します。これが「オンカロ最終処分場」です。「オンカロ」とは「隠し場所」とか「空洞」という意味です。二〇〇四年から建設が開始され、二〇二二年頃に操業が開始される予定です。少なくとも一〇万年は安全に操業できるように設計されています。

またスウェーデンも二〇〇九年に、国内のフォルスマルクに最終処分地を決め、二〇二九年頃からの操業を目指しています。

フィンランドの最終処分場の建設を受け入れた地元自治体の町長に現地でインタビューしたことがあります。「建設を受け入れたことで、国から補助金が出たのですか？」と、つい日本の常識で尋ねると、そんなものはないと否定されました。では、なぜこんな「迷惑施設」を引き受けたのか。

「私たちは、原子力発電所で発電される電気によって、豊かな生活を享受してきました。

だったら、そのゴミの処理を引き受ける責任があります」

この発言に、私は日本人として恥じました。原子力発電による電力の恩恵を享受してきた私たちは、その責任を果たす覚悟があるのでしょうか。これが日本の民主主義のレベルなのです。

しかし、世界で最終処分場の場所が確定できたのは、この二つの国だけ。「トイレなきマンション」は、日本だけの問題ではないのです。

「世界一厳しい基準」で再稼働と言うが

東日本大震災による東京電力福島第一原子力発電所の事故以来、国内の原発はすべて運転が止まりました。その間に、原子力規制委員会が新たな規制基準を作成し、既存の原発の運転に当たり、新基準の適合性を審査してきました。その結果を元に、二〇二〇年夏までに九州電力の川内《せんだい》原発の一号機と二号機、関西電力の高浜原発三号機と四号機など計九基が再稼働しています。

当時、安倍首相は「原子力規制委員会が世界で最も厳しい規制基準で安全と判断すれば、国としては再稼働していきたい」と述べ、原発の再稼働に前向きでした。

しかし、「この新基準のどこが世界で最も厳しい」のか、との反論もあります。さらに言えば、その新基準をクリアした原発に対して、原子力規制委員会は「安全である」とは一言も言っていないのです。原子力規制委員会は、「我々は新しい基準に適合しているかどうかを判断するだけで、安全かどうかを審査するわけではない」と言い切っています。

驚くべき発言です。安倍総理は、「原子力規制委員会が安全だと判断したから運転を再開する」と言う一方、原子力規制委員会は、「安全かどうか審査しているわけではない」と言う。もし再び事故が起きたら、誰が責任を取るのでしょうか。

新しい規制基準にもとづいて、各地で原子力発電所の再稼働が始まっていますが、その一方で、裁判所が運転差し止めを命じる判決も相次いでいます。二〇二〇年一月、四国電力伊方原発三号機（愛媛県伊方町）の運転をめぐって、山口県内の住民が差し止めを求めた裁判で、広島高等裁判所は住民の訴えを認め、運転を禁じる判決を下しました。

伊方原発三号機の運転を禁じた司法判断は、二〇一七年一二月に広島高裁の別の裁判長が出した仮処分決定以来二度目のことです。このときの判断は、阿蘇山の破局的噴火のリスクがあることを理由にしていました。しかし、この判断に関しては、四国電力が異議を申し立て、二〇一八年九月に広島高裁の別の裁判官が異議を認めて決定を取り消しています。

そして今回の判断。裁判長は、地震に対する安全性について、原発が立地する佐田《さだ》岬半島沿岸部の活断層に関して四国電力が十分な調査をせず、「震源が敷地に極めて近い場合の地震動評価をしていない」と断じました。

さらに火山については、数万年に一度とされる阿蘇山（熊本県）の破局的噴火を理由に立地不適とするのは「社会通念に反する」との考えを示しましたが、それに至らない程度の噴火に関する四国電力の想定を「過小」だと問題視しています。

このように原発の再稼働については、裁判所の裁判官によって判断が分かれ、再稼働が禁じられたり、認められたりしています。

裁判所の司法判断によって原発の運転が左右される。それだけ日本は司法の独立が保証されているという見方も可能ですが、原子力発電所の運転に関しての政府の方針が明確でないために混乱が生じているというのが実情でしょう。これも日本の民主主義の実態です。

第四章

税制の変遷と消費税

消費増税再び延期

二〇一六年六月、安倍晋三総理は記者会見して、翌一七年四月から予定されていた消費税の一〇パーセントへの引き上げを、二年半延期することを発表しました。

それまで八パーセントだった消費税率は、当初二〇一五年一〇月から一〇パーセントに引き上げられることが決まっていましたが、安倍首相は二〇一四年一一月、二〇一七年四月までの延期を発表していました。その際、安倍首相は、「再延期はしない」と断言しました。その後も、「リーマン・ショックや大震災級の事態が発生しない限り、再延期しない」と発言していました。

記者会見で安倍総理は、こうした事態が起きていないにもかかわらず、消費増税の引き上げ延期を決断したことについて、「これまでの約束とは異なる新しい判断だ」と述べ、「公約違反との批判があることも真摯に受け止めている」と語りました。

それでも再延期を決めたのは、「内需を腰折れさせかねない消費税率の引き上げは延期すべきだと判断した」と強調しました。

「新しい判断」とは、便利な言葉ですね。これなら公約をひっくり返すたびに使えます。

翌七月には参議院選挙が控えていました。増税は選挙に不利。これまで多くの政治家が、こうして問題を先送りしてきました。結局、二〇一九年一〇月に消費税は一〇パーセントになりましたが。その結果、日本の財政状態は危機的な状況になったのです。税金をどうするかは、まさに民主主義の根幹にかかわること。戦後日本の税制の変化について見ておきましょう。

ドッジ・ラインとシャウプ勧告

終戦直後の物資不足の中、多くの兵士や中国大陸、朝鮮半島で暮らしていた人たちが帰国します。さらに復員兵の帰還費用や退職金、復興資金など、多額の資金が必要になり、国は通貨を増発します。こうなると爆発的に増えた需要に供給が追いつかず、インフレが起こります。

一九四六年二月、そのインフレ対策のために政府は「金融緊急措置令」を出しました。

主な内容は、金融機関の預貯金を封鎖し、さらに流通している通貨も強制的に預金させて、通貨の流通を減らすというものです。いわゆる「預金封鎖」です。

これまでの円は使えなくして、新円を発行し、預金の引き出しには限度額を設けて新円の流通も制御し、インフレの抑制をはかったのでした。

これによりある程度のインフレは収まりましたが、国の大幅な赤字は解消せず、GHQは「日本経済の安定と復興を目的とする九原則」を要求します。その大きな柱は「超均衡予算」と「経済の自立」でした。デトロイト銀行の頭取だったジョセフ・ドッジが指揮したことから「ドッジ・ライン」と呼ばれました。「ライン」とは、この場合は「方針」という意味です。

超均衡予算とは、支出を削減して収支のバランスをとる方法です。国に収入がなければ使うお金も減らしてインフレに耐えなさい、ということでした。さまざまな補助金は撤廃され、国鉄（日本国有鉄道。JRの前身）は約九万五〇〇〇人ものリストラを余儀なくされました。その一方で一ドル＝三六〇円の為替レートが与えられ、輸出を促進させようとしたのです。

税制はシャウプ勧告で

税制に関しては、一九四九年にカール・シャウプを団長とする「日本税制使節団」が来日し、日本の税制の問題点などをまとめた報告書を作成します。この報告書をもとにGHQが指導したことから、「シャウプ勧告」と呼ばれています。

大戦中は戦費調達のためにさまざまな間接税がつくられ、所得税は申告制でしかも家単位で合算されていたため、不公平な部分も多くありました。この「シャウプ勧告」によって、間接税を整理し、所得税や法人税の直接税を中心とした税制に改められました。また地方の財源の大半が国からの補助金に依存していたため、地方自治体の税収の確保をはかり、地方の国からの独立を促しました。この税制改革によって戦後日本の基本の税制が確立され、「シャウプ税制」といわれるようになりました。

道路特定財源を導入

一九四九年に揮発油税が導入されました。ガソリンにかける税金です。これはのちに首相となる田中角栄が中心となって、戦前にあったものを復活させた制度で、一九五四年に最初の道路特定財源になりました。

特定財源とは、受益者（それを利用する人）が税を負担するというもの。揮発油税は、揮発油を製造したり輸入したりした時点で税金をかけ、それを製品に上乗せして販売するものです。この税金は車を利用する人だけが支払う仕組みです。その税収は一般財源にはせず、道路の建設や整備のためだけに利用しようというもので、この場合は道路特定財源になります。

当時の日本は舗装道路が少なく、日本の道路事情を視察に来たアメリカ人に「日本に道路はない。あるのは道路予定地だけだ」と言われたこともあるほどです。道路を利用する人から税金を徴収し、さらに道路を建設して整備をはかり、経済成長につなげようとする「目的税」でした。

この仕組みは功を奏し、道路がよくなれば自動車も増え、それによって税収が増えれば、さらに道路がよくなり、やがて国産自動車の製造にもつながっていきます。自動車の部品は当時でも一万点以上あり、業界のすそ野が広いために産業が活性化し、高度成長の一翼を担うことになりました。

一方で税収が増えても道路特定財源はあくまでも自動車や道路のためのもので、他の目的に使えません。その結果、ほとんど利用者のいない道路を建設するという無駄遣いが問題になっていきます。また建設業界という特定の業界が恩恵を受けるため、政治家や官僚との癒着も批判の対象になりました。

道路特定財源には一九五五年に定められた地方道路税（のちの地方揮発油税）、一九六八年の自動車取得税、一九七一年の自動車重量税などがありますが、政府が財源不足から赤字国債を増発するたびに一般財源化が議論されます。

しかし、建設業界や自動車業界の反発もあり、それらの大きな業界の票によって当選した議員も多く、長く特定財源のままでした。

二〇〇五年九月になって、こうした業界とのしがらみのなかった小泉純一郎総理大臣は道路特定財源の見直しを年内に行うと発表しました。反対派は抵抗しましたが、「無駄な道路づくりの温床」との批判は強く、二〇〇九年に道路特定財源は廃止され、一般財源になりました。

電源開発促進税法

道路特定財源と同じ特定財源に「電源開発促進税法」があります。第三章でも触れましたが、一九七四年に制定された「電源開発促進対策特別会計法」、「発電用施設周辺地域整備法」と総称して電源三法と呼ばれています。

一九七三年の第一次オイルショックで、火力に依存していた日本の電力は、方向転換を迫られていました。

電源開発促進税法は、電気料金に税金分が上乗せされ、それを電気事業者が納税するという仕組みで、発電施設の設置や石油に代わるエネルギー利用を促進する目的でつくられました。その税金分は、結局は利用者の電気料金に上乗せされます。

この法律の第一章第一条には「原子力発電施設、水力発電施設、地熱発電施設等の設置の促進及び運転の円滑化を図る等のための財政上の措置並びにこれらの発電施設の利用の促進及び安全の確保並びにこれらの発電施設による電気の供給の円滑化を図る等のための措置に要する費用に充てるため……」とあります。水力や地熱発電にも使えるとありますが、実際は原発推進のための目的税であったことは明らかです。これによって支払われる原発への交付金は、水力発電などの二倍の金額でした。

「過疎化」の進行を受け入れるのか、「危険かもしれない原発」を受け入れるのか、選択を迫られた自治体の背中を押したのが、この税金で賄われる多額の「補助金」や「助成金」という交付金でした。

原発を受け入れた自治体には、新しい公民館や体育館ができ、財政も潤います。それを見て原発を受け入れる決断をした自治体も増えました。

しかし、官僚の天下り先ともいえる原発関連業界への多額の支出や、無駄遣いも指摘され、批判を浴びました。

ちなみに、東京電力福島第一原発事故の廃炉や、損害賠償や除染、汚染水対策などで国民が負担する金額は、総額で二一兆五〇〇〇億円かかると見込まれています。

赤字国債発行へ

国債は国が発行する債券のこと。国が財政赤字になったとき、それを穴埋めする目的で発行される国債を赤字国債といいます。

戦時中、政府は戦費を賄うために多額の赤字国債を発行し、その全額を日銀に引き取らせました。日銀が刷ったお札で予算を組んだのです。その結果が深刻なインフレでした。その反省から、一九四七年に財政法という法律をつくります。この第五条には「すべて、公債の発行については、日本銀行にこれを引き受けさせ、又、借入金の借入については、日本銀行からこれを借り入れてはならない」とあり、国の予算のために国債を発行することを禁じました。予算はすべて税金で賄いなさい、ということです。

しかし、この第五条の最後には「但し、特別の事由がある場合において、国会の議決を経た金額の範囲内では、この限りでない」と書かれています。

こうして国債発行の道が用意されていました。戦後最初の赤字国債発行は一九六五年。東京オリンピックの翌年のことでした。オリンピック開催のために公共事業を増やし、新幹線や高速道路を建設しましたが、オリンピックが終わった途端に公共事業はなくなり、オリンピック不況とも呼ばれる深刻な不況になったからです。不況に陥れば税収は減少し、予算が不足します。このとき、財政法に違反しないように特例公債法という赤字国債を認める法案をつくり、成立させました。特別な事情なので、一度限りの赤字国債を認める法律を制定し、国債を発行して予算に充てたのでした。

その後しばらくは景気が回復し、赤字国債を発行することはありませんでしたが、やがて二度目の「特別な事情」が起きます。一九七三年の第一次オイルショックです。

原油の高騰による世界経済の混乱で、日本経済もすっかり冷え込み、不況が続きます。この不況を脱するためには、景気回復政策が必要だということになり、前回と同じ方法で赤字国債を発行して、公共事業を増やしました。

これはイギリスの経済学者ジョン・メイナード・ケインズが提唱した「ケインズ政策」といわれる方法です。借金をしてでも支出を増やすことが景気の回復につながる、というものです。赤字国債という名の借金をし、それで公共事業を行ってお金を循環させ、景気が上向きになるように仕向けるというものでした。ただしケインズは、景気が回復し税収が増えたら、それで借金を返す、と言っています。

ところが日本の実態はそうなっていません。借金をして公共事業を始めると、まず恩恵を受けるのは建設業界です。その建設業界は、借金を決めた与党の大きな支持母体にもなっています。景気も回復し、インフラも整備されれば、黒字になった税収は借金の返済に充てるべきなのですが、「まだまだインフラは十分ではない、公共事業を続けてほしい」と業界が訴えれば、彼らの票が力になって当選した国会議員たちは、それを拒むことができません。これが日本の民主主義です。

そういう理由で「特別な事情」は続き、数年間の一時期を除いて、一九九四年から赤字国債は発行され続けているのです。

とりわけ二〇二〇年は新型コロナウイルスの感染拡大で対策費用がかさみ、予算は膨張。二〇二一年度予算は一〇六兆六〇九七億円となり、新規の赤字国債発行額は三七兆二五六〇億円に上っています。

余談ですが、ケインズ経済学は「ハーヴェイロードの前提」と称されます。ハーヴェイロードはジョン・メイナード・ケインズが生まれ育ったケンブリッジの通りの名前で、イギリスの知識階級層が集まる場所でもありました。ケインズの父親も大学教授でした。そういうインテリ層に囲まれて育ったケインズは、「知的で公正なインテリが政策にあたれば、私利私欲に惑わされることはない」と考えます。その前提にもとづいているのがケインズ経済学であるというわけです。ところが、政治家はケインズが考えたようには行動しませんでした。ケインズ政策を取り入れた国はどこも赤字を抱え、その典型が日本でした。「知的で公正なインテリ」が政策を担当していなかったのです。

朝日訴訟と社会保障

一九六七年、生活保護給付金で生活していた岡山県の朝日茂《あさひしげる》が厚生大臣を相手に起こした訴訟がありました。朝日の主張は、「憲法第二五条において「すべて国民は、健康で文化的な最低限度の生活を営む権利がある」と規定されているのに、その給付金では生活が困難であり、給付金の額は憲法に違反している、というものでした。一審の東京地方裁判所では原告が勝訴。二審の東京高等裁判所は、原告の請求を棄却して、上告審の途中で朝日が亡くなったため、訴訟は終了しました。これが「朝日訴訟」です。ちなみに、朝日新聞とは無関係です。

この訴訟は、社会保障制度というものを考えるきっかけになり、政治家の中にも、社会保障を充実させていかなければならない、という意識が大きくなっていきます。

国にさきがけて社会保障制度の充実を目指したのが、一九六〇年代後半からの、美濃部《みのべ》都知事時代の東京都でした。美濃部亮吉《りょうきち》は東京教育大学（現在の筑波大学の前身）の教授で、社会党と共産党の社共統一候補として都知事選に立候補し、当選しました。リベラルな思想で知られ、都知事になると道路整備を凍結し、高齢者医療の無料化や、高齢者の都営交通の無料化を実施しました。

当時の東京都は財政が豊かで、そのために社会福祉の実現が進められたのですが、地方から見れば「なぜ東京だけが」ということになります。そこで、これは国レベルで取り組まなくてはならないということになり、社会保障制度が確立されていきました。

一般消費税導入の動きが

一九七七年に内閣府の税制調査会は、財政赤字の解消のために、一般消費税の導入を政府に提言します。この頃から言われ始めるのが「直間比率《ちょっかん》の是正」です。「直」は直接税のことで、「間」は間接税のこと。日本は「シャウプ勧告」以来、間接税を整理しつつ直接税に大きく依存していました。この比率を、間接税である消費税を導入して、五対五にすべきだというものです。

一九七八年一二月、税制調査会は正式に一般消費税試案を答申し、これを受ける形で大平正芳内閣は翌年の一月に導入を閣議決定します。大平は大蔵省の出身で経済に明るく、また真面目な性格で、赤字続きの日本の財政を立て直すには、国民の理解を得て消費税を導入するしか方法はないと考えたのです。

ところが一般消費税の導入には、野党ばかりでなく与党内からも反対の声が上がります。一九七九年の解散総選挙中に大平は消費税導入の断念を発表しますが、自民党は大きく議席を減らしてしまいます。

国民にとって、支払う税金は少ない方がいいに決まっていますが、「国のためには増税は必要なことなのです」と訴えれば、国民の理解は得られると、大平は信じていました。しかし内外からの反発で断念せざるをえず、しかも選挙では惨敗してしまいます。これ以来、自民党にとって「増税」は選挙のタブーになります。

それでも大平は「赤字財政からの脱却」を進めようとします。増税に頼ることなく、行政改革によって支出を抑えて赤字を減らそうと、一九七九年の国会で「財政再建に関する決議案」を採択させます。しかし翌年には社会党が提出した「内閣不信任案」に与党内からも賛成派が出て本会議を欠席。不信任案は可決されてしまいます。大平は衆議院を解散し、国民に信を問いますが、選挙中に急性心不全で倒れ、急死します。消費税導入の動きは挫折しました。

今度は売上税

その後、中曽根内閣によって、消費税導入の動きが再燃します。今度は「売上税」という名称でした。

一九八六年六月、中曽根康弘首相は衆議院を解散した直後、「すべてのものに間接税をかけるような包括的な大型間接税をやる考えはない」と明言し、記者会見でも「国民や自民党が反対している大型間接税は反対だ。そういう性格のものは一切やらない」と発言し、選挙に臨みます。国民には「消費税は導入しない」と受け取られ、選挙で大勝します。

ところが翌年の一九八七年の二月、中曽根政権は国会に「売上税法案」を提出します。これはすべてのものに包括的に税金をかけるような大型間接税ではなく、ごくわずかな税率で売上にのみかかる税金なのだ、という理屈でした。国民には「言い訳」としか聞こえず、与党の中からも「公約違反」の声が上がります。

三月、参議院岩手選挙区の補欠選挙で、保守地盤の強い自民党候補が敗れるという自民党にとっての「事件」が起きます。当選した社会党候補は、売上税反対に的を絞っての選挙戦で勝利したのです。これを機に売上税反対運動は全国的に盛り上がり、野党も勢いづきます。

自民党は四月の予算委員会で予算案を強行採決し、本会議も強行開会します。野党は宮澤《みやざわ》喜一《きいち》大蔵大臣の不信任案などを次々に出して牛歩戦術で抵抗します。ここで原健三郎《はらけんざぶろう》衆議院議長は「売上税の廃案」という調停案を与野党に持ちかけ、これが受け入れられることで「売上税」は廃案になりました。再び挫折です。

消費税導入に成功

一九八七年一一月に首相となった竹下登《たけしたのぼる》は、大平内閣、中曽根内閣の失敗を踏まえ、慎重に「消費税導入」を検討します。

その結果、自営業者などの反発をやわらげるために、五パーセントとされていた中曽根案を三パーセントとし、しかも売上三〇〇〇万円以下の業者は納税を免除し、さらに五億円以下の業者には簡易課税制度を適用するという案をつくります。そしてサラリーマン層の所得税、住民税の減税を行い、反対の声を静めていきました。

特に売上三〇〇〇万円以下の業者の消費税免税は効果的でした。年間の売上が三〇〇〇万円以下ならば、お客からは消費税を受け取っても、これを納税する必要がないからです。これは「益税」と呼ばれました。要はお客の払った消費税を政府公認で〝着服〟できる、というものです。ただし、消費税を導入した後は、「益税」が発生しないような改革が行われるのですが。

一方で、消費税による増収は、将来の福祉財源の確保でもあるとアピールし、国民の不安や反発を抑えつつ、一九八八年一二月に、消費税法案を成立させたのでした。

「マル優制度」は廃止

また竹下内閣は、それまで国民の貯蓄を推進するためにとられていた「マル優制度」を廃止します。

第二次世界大戦後のインフレは、ドッジ・ラインによってある程度の収束をみていました。しかし依然国は貧しいままで、いろいろな会社が新たな事業を展開しようにも資金はなく、借りようとしても銀行にもお金はありませんでした。そこでとられた方策が国を挙げての一大預金運動でした。大蔵省や日銀が主導となって、日本経済の自立と復興のための貯蓄が呼びかけられ、全国に都道府県貯蓄推進委員会が設立されました。一九五二年には「貯蓄増強中央委員会」が設立され、各地の貯蓄推進委員会と連携して運動が進められました。

その一環として導入されたのが「マル優制度」（少額貯蓄非課税制度）でした。貯蓄の利子に対する所得税を非課税にするというもので、一定額内で適用されました。

マル優には銀行預金を対象にした「マル優」と、郵便貯金を対象にした「郵貯マル優」、さらには国債や地方債を対象にした「特別マル優」と「財形」があり、それぞれの枠内で、利子に対する所得税が非課税になりました。

一九六三年、導入当初のマル優の限度額は五〇万円でしたが、一九六五年に一〇〇万円に引き上げられ、一九七三年には三〇〇万円までになりました。特別マル優も郵貯マル優も同様に、一九七三年までにはそれぞれ三〇〇万円に引き上げられ、最終的には、各マル優は三五〇万円、財形は五五〇万円にまで拡大されました。

「少額でもいいから、銀行や郵便局に貯金し、国債や地方債を購入して資産を預けてください。その利息には税金はかかりませんから」と、国民の貯蓄を促したのでした。こうして銀行などに資金が増えることによって、企業に長期的に資金を貸すことができるようになりました。

また、子どもに金融の仕組みを教え、貯蓄の習慣を身につけさせるための貯蓄教育にも力を入れます。それが「こども銀行」でした。銀行などの金融機関が毎月決まった日に学校に赴き、通常の金融機関窓口と同じように、預金の出し入れができるというもので、活動に積極的な学校は表彰されたりもしました。

これらは功を奏し、国民の預貯金高は大きく伸長しますが、この貯金推進を投資推進に方向転換しようとしたのが、竹下内閣のマル優制度廃止でした。

消費税、引き上げへ

「税率を三パーセントから上げることはありません」。いくら政府が力説しても、そうならないのは世界の消費税を見れば明らかです。

一九九四年、政府は消費税を三パーセントから四パーセントに引き上げ、さらに地方消費税一パーセントを加えて計五パーセントとし、その実施を一九九七年四月からとする税制改革法案を成立させます。このときの政府は、自民、社会、さきがけの連立政権で、社会党の村山富市が首相でした。売上税導入の際、党首の土井たか子が「だめなものはだめ」と真っ向から反対した社会党でしたが、税率を上げることになったのが社会党党首の首相であったのは皮肉なことでした。

消費税五パーセント実施を翌年に控えた一九九六年の衆議院選挙で、自民党はタブーを破ります。つまり、あえて増税を掲げて選挙戦に臨んだのでした。ただしこのときは消費税が導入された一九八九年のときとは状況が変わっていて、すでに三パーセントの消費税に国民も慣れていました。しかも法案は成立していました。自民党はこれを国民に納得させるため、「行政改革」の推進を争点にして選挙を勝ち抜いたのでした。

ところが消費税を上げると、経済に異変が起きます。必要なものは消費税が三パーセントのうちに買っておこう、という駆け込み需要により、一時的に景気はよくなりましたが、五パーセントに上がったとたん、景気が冷え込んだのです。

その一方でバブル経済がはじけ、金融不安は広がり続けます。結局景気対策をほどこして金融危機を回避するために、小渕恵三《おぶちけいぞう》内閣は前年度の二倍の赤字国債を発行することになりました。このとき小渕は自嘲気味に「世界一の借金王になりました」と言っています。

景気対策として、この時期に発行されたのが地域振興券でした。対象は一五歳以下の子どものいる世帯や老齢福祉年金、障害基礎年金などを受給している人と満六五歳以上の市町村民税の非課税者です。一律二万円の地元でのみ使える商品券を配布するというものでした。これにより、地域での消費が活性化され、景気回復の一助になるというふれこみでした。

しかし実際には、振興券を生活費にあて、その分を貯蓄に回すという例も多くみられ、成果は上がらなかったというのが大方の評価です。小渕内閣は、自民党、自由党と公明党の連立内閣で、「地域振興券」を強く主張していた公明党の支持を得るための選挙対策でもありました。

当時の大蔵大臣は宮澤喜一で、経済に詳しかった彼は、地域振興券が景気対策にならないことはわかっていました。「配られた振興券で必要なものを買い、実際のお金は使わない」と予測していました。しかし、「景気対策だったら、こんなこともありなんですかな」と発言。効果がないことはわかっていながら、自自公の連立を守るために、しぶしぶ受け入れたのです。公明党は、「わが党の主張が認められました」と、大々的に成果をアピールしました。これにより国の財政赤字はさらに拡大したのですが。

東京都、「外形標準課税」を打ち出す

国に入る法人税と地方自治体に入る法人事業税は、その会社の所得に応じて課税されていて、会社が赤字ならば課税できません。自治体に入る法人事業税は常に景気に影響される不安定なものでした。そこで東京都が二〇〇〇年に導入したのが、大手金融機関に対する「外形標準課税」でした。

これは、その会社が利益を出しているかどうかに関係なく、資本金や事務所の面積、従業員の数などの「外形」に応じて課税するというものです。つまり、東京都に会社があるということは、道路や水道などの都のサービスを受けているわけで、赤字であろうと一定の税金を納めなさい、というものです。赤字企業にも税金が課せられるので景気の良し悪しに関係なく一定の税収が確保できます。

これに続くように大阪府も同様の税を導入しますが、大手銀行は地方税法に違反するとして東京都を提訴します。二〇〇二年、東京地裁は「無効」の判決を下し、東京高裁でも東京都は敗訴。最高裁によって和解が成立し、その結果、東京都は二三四四億円を返還することになりました。

東京都の試みは挫折しますが、その後、外形標準課税を全国一律に制度化するように全国知事会から国に要請があり、一定部分での外形基準による課税が行われるようになっています。

消費税一〇パーセントに

二〇〇九年の衆議院選挙では「四年間は消費税を上げない」と言った鳩山由紀夫を党首とする民主党が勝利し、政権交代を果たします。争点は消費税の据え置きより、景気対策や年金問題などでしたが、政府による税金の無駄遣いや天下り問題を訴えた民主党に票が集まりました。民主党が支持されたというより、非自民の支持が民主党に集まった選挙でした。

しかしその消費税を八パーセントに上げることを決めたのは、民主党の野田佳彦《のだよしひこ》政権でした。この間には東日本大震災もあり、この時点での日本の累積赤字は一〇〇〇兆円にもなっていました。

二〇一〇年の参議院選挙直前に民主党の菅直人首相が消費税率一〇パーセントを打ち出し、選挙で惨敗します。その結果、民主党は大幅に議席を減らし、参議院では自民党が第一党になる「ねじれ国会」の状態になっていました。ねじれ国会とは、衆議院と参議院で多数を占める政党が異なる現象です。例えば予算案の場合、審議が長引けば行政に支障をきたしますから、衆議院で可決されれば参議院で否決されても成立します。しかし一般の法案は衆議院、参議院ともに可決しなければ成立しません。このため法案が野党の「人質」のかたちとなり、「決められない政治」と言われます。

二〇一一年に成立した野田政権は、このねじれ国会のもと、「決められない政治」からの脱却を目指しました。社会保障を維持・充実させるためには消費税の増税が必要だと野党を説得。二〇一二年、消費税増税を柱とする社会保障・税一体改革関連法が、民主、自民、公明などの賛成多数で可決、成立したのです。一体改革は消費税率を二〇一四年四月に八パーセント、一五年一〇月に一〇パーセントへと引き上げることを含んだもので、自民、公明両党との三党による修正合意の結果でした。

しかし、その後、安倍政権によって、この与野党合意が反故《ほご》にされています。

税金の仕組みが国をつくる

日本人の税に対する関心が高まったのは、消費税導入後でした。それまでの直接税が高い割合を占めていた時代、給与所得者が納める税金は大半が天引きされていましたから、納税感があまりありませんでした。「手取り」が大事になってくるので、どれだけ税金を納めているかをあまり考えなくなるのです。

結果的に、高い税金を納めて公務員を養い、政治家を養っているんだという意識が希薄になってしまいます。さまざまな無駄遣いが起きても、それに対する国民の怒りというのはさほど大きくならなかったのです。

しかし消費税という間接税は、ものを買うたびに納めますから、天引きよりはるかに実感を伴います。そうなると、納めた税金がどのように使われているのか、ということにも関心が向くようになります。

消費税というのは、全国のあらゆる小売店が税金を消費者から預かって国や自治体に納めるものです。ここに民主主義の民度レベルの高さが示されます。その民度が低ければ、預かった税金がどこかに消えてしまうということも起りえます。つまり国民が成熟していて初めて導入できるものなのです。

一七世紀のヨーロッパには、窓に税金をかける「窓税」というものがありました。当時のガラスは高価でぜいたく品とみなされ、窓の数が免税の範囲を超えると課税されるというものでした。これに対抗するため、住民は免税の数まで窓をつぶしてしまいました。しかし税金は逃れられたものの、日当たりや風通しが悪くなり、健康を害する住民が増加するということもあったようです。

現在のトルコをはじめ、シリアやイスラエルを支配していたオスマン帝国は、金持ちから税金を徴収するために、土地に植えられた木に税金をかけました。金持ちほど所有する土地は広く、そこにある木に課税すればいいと考えたのでした。ところが土地の所有者たちは途端に木を切り倒し始め、それが砂漠化につながったとさえ言われています。

日本にも江戸時代、これらと似たような税金がありました。建物の間口にかけられる税金で、間口が広いほど税金が高くなりました。このために間口が狭く奥に長い、いわゆる「うなぎの寝床」と呼ばれる町屋建築が生まれたのでした。

税の意識と民主主義

北欧のデンマークで税について取材したことがあります。デンマークは世界有数の高福祉国家ですが、それを支えているのは高額の税金です。消費税は二五パーセント、所得税は三五～四八パーセントにもなります。消費税に軽減税率は適用されていません。生鮮食料品も消費税二五パーセントなのです。

街頭でのインタビューで人々に「税金が高すぎるとは思いませんか」と聞いたところ、誰ひとり「高い」と言わなかったことに驚きました。「高いけれど福祉のためには仕方がない」という声さえありませんでした。「医療も教育もすべて無料ですから」「幼稚園から大学まですべて無料だし、どんな難病で、幾らお金がかかっても一切個人の負担はありませんから」と、なぜ高いというのか不思議だという様子でした。それらを代表するような声が「我々は国家に貯金をしているようなものだ」というものでした。

一方で選挙の投票率の高さにも驚きます。第二次世界大戦後、投票率が八〇パーセントを下回ったことが一度もないのです。自分たちが納めた税金の使い道を決める議員を選ぶのだから、政治に対しても厳しい目で見るようになるのは当然だというわけです。国会議員のほとんどが自転車で国会に通っているというのもうなずけます。

戦後、民主主義のもとに政治や経済を成り立たせてきた日本ですが、それが十分に成熟したかたちになっているかどうかは疑問です。

「増税はしません」、「社会福祉を充実させます」。選挙のたびに有権者の歓心を買うようなことを言う候補者たちですが、当選後の彼らが暴走して税金の無駄遣いをしないように監視するのも国民の役目なのです。借金をさらに増やしてまで景気対策が必要なのか、手持ちのお金が預貯金に回ってしまうような振興券が大事なのか、それを考えることが民主主義を守ることにつながります。

二〇一九年から消費税は一〇パーセントに上げられましたが、そこで出てきたのが「軽減税率」です。政府の言う「所得の低い人の負担を減らす」ことが目的であれば、実は軽減税率は有効ではないという指摘もあります。高額所得者の方がより軽減税率の恩恵を受けるというわけです。多くの経済学者もそう指摘しています。それでも導入したのは、一見すると税負担が増えないように見えて、それを公明党が選挙公約に掲げたからなのです。

税金は、その国のかたちを決めるもの。税金に対する国民の意識で、その国の民主主義の成熟度合いがわかります。日本の民主主義は、どの程度なのでしょうか。

第五章

政治とメディア

権力による「放送表現の自由」への介入

二〇一六年二月八日の衆議院予算委員会で、高市早苗《たかいちさなえ》総務大臣がこう発言しました。

「放送事業者が極端なことをして、仮にそれに対して行政指導をしても全く改善されずに公共の電波を使って繰り返した場合に、それに対して何の対応もしないということを約束するわけにはいきません」

さらに九日にも「将来にわたって罰則規定を一切適用しないことまでは担保できない」と「停波（電波停止）」の可能性を匂わせました。権力が放送に介入する可能性を堂々と表明する。いったい、ここはどこの国なのでしょうか。

高市大臣は、放送法を権力が介入できる法律として使おうとしたのです。しかし、そもそも放送法とは、放送事業者の自由を保障しようと誕生したものなのです。その歴史を振り返ってみましょう。

一九五〇年、電波法、電波監理委員会設置法とともに電波三法の一つとして放送法が制定されました。その第一条には「放送を公共の福祉に適合するように規律し、その健全な発達を図ることを目的とする」とあり、公正で偏りのない放送をするために編集の基準を設けることなどが求められています。また番組編集に関してはどんなものからの干渉も受けず、放送表現の自由が認められています。

この法律は、あくまで自らを律する規定であり、放送事業者が何者からも介入されることなく、自主自立して編集放送をしなくてはならない、というものです。つまり、権力の圧力に負けない、放送表現の自由を確保するための法律なのです。

この法律により、それまで実質的に政府の機関とも言えた「社団法人日本放送協会」は公共放送機関として「特殊法人日本放送協会」（ＮＨＫ）に改められました。ＮＨＫは、国営放送でも民間放送でもない公共放送であり、受信者から支払われる受信料によって運営されています。

ただし、経営委員任命や予算の決定は、国会の総務委員会や本会議での承認が必要で、経営委員会から選ばれる会長の人事が政権与党の影響を受けることもあるのは事実です。

テレビ放送開始

一九五三年二月、NHKによるテレビ放送が始まりました。これにより、国会や選挙の立会演説などもテレビで中継されるようになりますが、この時点でのテレビ受信契約者の数は一〇〇〇件にも満たない、いわゆる街頭テレビ時代の幕開けです。電器店店頭の白黒テレビで放送される大相撲中継に大勢の人が群がりました。世間はまだラジオの時代でした。

同年八月に初のテレビ民間放送である日本テレビ放送網が開局、一九五五年四月には、ラジオ東京テレビジョン（後のTBSテレビ）が開局します。当初、広告収入がどれほど期待できるのかを危惧する声は大きかったのですが、日本経済は高度成長期にさしかかり、実際に日本テレビの経営は好調で、それを見た多くの企業がテレビ界への進出をうかがうようになります。新聞社を中心に、テレビ放送の免許申請は、一〇〇局を上回る数になっていました。

郵政大臣田中角栄が恩を売った

一九五七年、郵政省はテレビ放送の全国的な拡大と教育・教養番組の拡充を目指し、周波数の割り当てを決める「第一次チャンネルプラン」を策定します。これにより、一九五七年七月、ラジオ局のニッポン放送と文化放送の申請が一つにまとまったところに映画会社大手である松竹、東宝、大映の三社の申請が合体し、富士テレビジョン（後のフジテレビジョン）に予備免許が交付されます。

また、東映、旺文社、日本短波放送などの申請が一つになった東京教育テレビ（後の日本教育テレビ、テレビ朝日の前身）にも予備免許が交付されます。しかし、残った新設局をめぐり申請は多数での競合。申請に関連する新聞社も対立し、調整は困難な状態になりました。

この時期、郵政省の記者クラブには、新聞各社から派遣された、「記事を一切書かない」記者がいました。彼らは「波取り記者」といわれ、新聞社系列の放送局を全国につくるための交渉要員だったのです。

この一九五七年七月に郵政大臣に就任したのが、第一次岸改造内閣の田中角栄でした。郵政省内では、テレビ放送の免許交付について慎重派が多数を占めていましたが、田中は積極的に放送局を増やそうとします。申請が競合する各社の代表に調停案を持ちかけ、数ある免許申請の中から三一の地域で、ＮＨＫ七局、民間放送局三四社三六局に予備免許を交付したのです。

この予備免許の大量発行により、大半のテレビ局は一九五九年までに開局。同年四月の皇太子ご成婚の放送以降、テレビは飛躍的に普及していきます。一方で田中角栄は、この件で放送各社に恩を売ったかたちになり、その放送各社が関係している新聞社にも恩を売ったのです。田中が影響力のある政治家として権勢を振るうことになる一歩でした。

ちなみに、田中の郵政大臣時代の郵政大臣官房文書課長浅野賢澄《あさのよしずみ》は、後に退官してフジテレビの副社長から社長に、郵政事務次官小野吉郎《おのきちろう》はのちにＮＨＫの会長に就任しています。

政治がメディア介入した

一九六五年、ベトナム戦争の最中に、毎日新聞は西側として初めて北ベトナムに記者を送ります。それが大森実《おおもりみのる》でした。それまでのベトナム戦争報道はアメリカを経由してきたものばかりで、アメリカの正当性が強調されていました。それだけに大森が打電した、北ベトナムの病院へのアメリカ軍による空爆の事実は衝撃的でした。

これに対し、アメリカはすぐさま反応します。駐日大使であったエドウィン・Ｏ・ライシャワーは記者会見で、「毎日新聞の記事は事実に反している」と大森を名指しで非難したのです。当初毎日新聞は記事の事実を主張しますが、やがて「偏見のある記事」

についてアメリカ側に謝罪。大森は毎日新聞を去ることになります。

一九六七年、ＴＢＳは日本のテレビとして初めて北ベトナムに入り、「ハノイ　田英夫《でんひでお》の証言」という特別番組で、アメリカの北爆に備えるハノイ市民の日常をレポートします。南ベトナムからのアメリカ寄りの報道だけでなく、北ベトナムの実情をレポートしながら戦争の是非を考える、という内容のものでしたが、これを政府は「反米的な報道」と受け止め、政府自民党はＴＢＳの幹部に対して、放送免許の更新不可までほのめかし、圧力をかけます。

その結果、田英夫は「ＪＮＮニュースコープ」のキャスターを降板します。新聞社が、そして放送局が、権力の圧力に屈する。そんな汚点を残したのです。

ちなみに、田英夫は、その後日本社会党から参議院選挙に立候補して当選し、三五年間議員を務めました。

一九七二年六月、佐藤栄作総理は退陣表明の記者会見において、新聞記者たちを見ると、「新聞記者の諸君とは話をしないことになっている。僕は国民に直接話したいんだ。新聞になると、文字になると違うからね。偏向的な新聞は嫌いなんだ、大嫌いなんだ。やり直そうよ。帰ってください」と退席してしまいます。

内閣官房長官であった竹下登に促されて再び席に着いたものの、新聞記者が「先ほどの新聞批判は内閣記者会としては絶対に許せない」と詰め寄ると、「それじゃあ帰ってください。かまわない」と発言します。これに記者たちは、「おう、出よう、出よう」と応じ、会場から退席します。結局、佐藤総理ひとりがテレビカメラに向かって語るという異例の会見となりました。

このときの総理大臣の「新聞は偏向報道である」との発言は、波紋を広げました。佐藤政権は長期政権でしたから、終盤には政権に対して厳しい新聞記事が掲載されたのも確かですが、これを佐藤は不愉快に思っていたのです。

権力者はメディアの厳しい目にさらされ、批判を受けるもの。先進民主主義国において常識となっていることが、日本の政治家には理解できなかったのです。

一九九三年七月の衆議院議員総選挙では、自民党の議席数が過半数を割り、非自民の連立政権、細川内閣が発足しました。その直後、日本民間放送連盟の会合で、テレビ朝日（当時の名称は全国朝日放送）の椿貞良《つばきさだよし》報道局長の発言が問題視されます。椿報道局長は選挙時の報道において、「番組に圧力をかけてきた自民党は許せない。自民党政権の存続を阻止し、反自民の連立政権を成立させる手助けになるような報道をしようとデスクらと話し合った」と発言したというのです。

この発言は公表を前提としない仲間内でのものでしたが、これを一〇月一三日の産経新聞が一面で報じます。これを受けて、郵政省放送行政局長は緊急記者会見を開きます。そして、新聞の内容が事実で、放送法に違反することがあれば、無線局運用停止もありうると発表したのです。

椿局長は国会に呼び出されます。二五日の衆議院の証人喚問で、椿は報道内容を指示したことはない、と偏向報道を否定します。局の内部調査でも、報道に関する指示はなかったと報告され、これを受けた郵政省は「政治的公平性に細心の注意を払うように」との条件付きでテレビ朝日への免許を再交付します。

この事件がきっかけとなり、NHKと日本民間放送連盟は、放送局の自主自立を守り、中立公正を自ら律するために「放送倫理・番組向上機構」（BPO）を設立させました。放送の内容が人権を侵害するようなものだったり、明らかな間違いだったりしたものに対して、これを審理して是正を勧告する組織です。

新聞とテレビの敗北

一九八九年六月三日、リクルート事件や消費税導入で支持率の下がった竹下首相の辞任を受け、宇野宗佑《うのそうすけ》内閣が発足します。リクルート事件との関係も薄い、クリーンなイメージの総理大臣でした。

ところが総理就任のわずか三日後、「サンデー毎日」に宇野の女性スキャンダルが掲載されたのです。神楽坂の芸妓《げいぎ》による告発で、「愛人になれば月にこれだけ出す」と指三本で示された、とあり、こういう人物が総理大臣になってはいけないと考えて公表することにした、というものでした。

それまでの政治報道には「下半身のことは書かない」という不文律のようなものがあり、異性問題などのスキャンダルはほとんど表に出ませんでしたが、それを敢《あ》えて書いたのが「サンデー毎日」でした。その号の発売当初は大きな問題とはとらえられていませんでしたが、「ワシントン・ポスト」などの海外のメディアがこの件を取り上げると、後追いするかのように国内でも報じられます。その結果、宇野内閣は直後の参院選で大幅に議席数を減らし、首相も在任期間わずか六九日で退陣することになりました。

ちなみに、「サンデー毎日」に掲載する判断をした編集長は、二〇一六年七月の東京都知事選挙に立候補した鳥越俊太郎《とりごえしゅんたろう》でした。

これに先立つ一九七四年一〇月、「文藝春秋」一一月号において「田中角栄研究―その金脈と人脈」と題する特集が掲載されました。

田中角栄は、なぜ多額の資金・資産を保有しているのか。その疑問を解き明かす特集でした。その手口は、例えば新潟県の信濃川《しなのがわ》河川敷を舞台にしたケースでは、次のようなものでした。

一九六九年から一九七〇年にかけて、田中角栄の関係する企業が、新潟県信濃川河川敷の土地を約四億円で買収します。この河川敷は大雨のたびに水につかり、実質的に活用できない土地でした。ある会社が突然、その土地を買いたいと申し出たわけですから、所有者は喜んで手放しました。

ところがその直後、建設省が川と河川敷の間に巨大な堤防をつくります。すると一転、安く買われた土地は大いに活用できる土地となり、値段が跳ね上がります。こうやって田中角栄は莫大な政治資金を生み出していると、その金脈構造を暴いたのでした。

これは執筆した立花隆《たちばなたかし》が取材チームを組み、土地の登記簿から、土地を買った会社の定款《ていかん》までを取り寄せ、田中とのつながりを徹底的に調べる手間のかかる作業を行って解明したものでした。

この「文藝春秋」が発売されると、政治部の記者たちは、「みんな知っていたことだよ」とうそぶきました。知っていたのなら書くべきだったのに、誰も確認を取ることをしていなかったのです。新聞各社は、この特集記事を無視しました。

ところが田中角栄は、この記事が出る前から、日本外国特派員協会の昼食会に招かれていました。ここに出席した田中角栄に対し、外国人記者たちは、金脈問題について遠慮なく質問します。これに田中はしどろもどろになります。ここに至って初めて、日本の新聞各社は記事にしました。「田中金脈」の記事ではなく、「田中金脈について外国人記者たちに追及された」という記事でした。

ここから一挙に「田中角栄の金脈問題」が大きなニュースになり、最終的に田中を退陣に追い込むことになったのです。これは雑誌ジャーナリズムの勝利であり、外国人記者たちの勝利であり、新聞とテレビジャーナリズムの敗北でした。

メディアを利用した政治家

新聞を嫌い、テレビを信用したのは佐藤栄作でしたが、そのテレビをうまく利用した政治家も多くいました。

いまでは考えられないことですが、過去には総理大臣の執務室前まで記者がついていき、一言でもコメントを求めるという「ぶら下がり取材」が行われていました。部屋から出て官房長官に会いに行く、その廊下でも「ぶら下がり取材」は続いていました。中にはそこで失言し、それが報道されて、メディアと内閣の関係が最悪の状態になることもありました。

これを変えたのが小泉純一郎総理でした。小泉は、それまでの「どこまでもついてくるぶら下がり」をやめ、午前中と夕方のそれぞれ一回、テレビも含めて記者会見をする、という新しい「ぶら下がり取材」にしたのです。

短い言葉で端的に応じることに長けていた小泉は、この会見で「できる首相」を印象付けます。また政治だけでなく、芸能についての質問にも気さくに応じ、庶民的なところを見せたのです。これはメディア戦略をよく理解していた飯島《いいじま》勲《いさお》秘書官の手腕でもありましたが、小泉はそれまでの首相と違って、スポーツ新聞や女性誌などのインタビューにも進んで応じました。それまでになかったスタイルの首相の登場で、スポーツ新聞も女性誌も大きく取り上げ、しかも好意的に書きますから、これが支持率の上昇にもつながるのでした。さらに「小泉内閣メールマガジン」を発行し、首相自身の近況や大臣のメッセージなどを載せて発信することで、開かれた内閣をアピールしました。

細川護熙総理もテレビを意識した政治家でした。それまで総理大臣の記者会見は、椅子に座ったままで行われていましたが、細川はアメリカ大統領のように、立って記者会見をしました。質問のために手を挙げる記者を手にしたボールペンで指し、いかにもスマートな印象を与えようとしました。日本の総理で初めてプロンプターを使用したのも細川でした。プロンプターはガラス板に原稿などを表示するもので、透明なので高い位置にあっても映像の邪魔になりません。これを使うことによって、原稿を見るたびに顔を下に向けることなく、カメラ目線を維持できるのです。

ポピュリズムに走る政治家

二〇〇一年、小泉内閣が成立してから、ポピュリズムという言葉が聞かれるようになりました。そもそもポピュリズムは、「一般大衆の権利こそが尊重されるべきだ」という政治思想ですが、一方で「大衆迎合」の意味でも使われます。

大衆が望むような公約で歓心を買ったり、または不安の種をまいてそれを煽り、その大衆不安と戦う姿勢を見せたりして支持を集めようとするものです。現代の政治家たちは多かれ少なかれポピュリズムに走る傾向にありますが、メディア、特にテレビを利用して大きな成果を得ることもあります。

小泉純一郎は総理の時代に郵政民営化を果たします。その際、民営化に反対する側に「抵抗勢力」というレッテルを貼り、自分はその敵と戦う改革派であるというイメージを広げました。それをテレビが繰り返し放送するうち、見ている人には、抵抗勢力は悪者で、郵政民営化は正しいことであるかのように感じられてくるのです。

同じことは橋下徹《はしもととおる》元大阪府知事（前大阪市長）にも言えます。橋下は府知事以前、弁護士として数多くのテレビ番組に出演していましたから、メディアの特性をよくわかっていました。大阪都構想を掲げた橋下は、その政策に反対する勢力をやはり「抵抗勢力」と位置づけ、自らの戦う姿勢を、テレビを通じて見せました。大阪府内のさまざまな施設を視察しては、「これは無駄だ」とばっさり切り捨てるさまは、府民の喝采《かっさい》を浴びました。「戦う知事」のイメージをつくっていったのです。

メディアに目を光らせる安倍政権

テレビのメディアとしての影響力が大きくなるにつれ、政府はその動きに目を光らせ、警戒するようになってきました。特に安倍政権は、メディアをコントロールしようとしてきました。二〇一四年の選挙前には、自民党が在京テレビ局に対して、「選挙報道に偏りがないように」と文書で申し入れたほどです。これは異例のことでした。

テレビ局は、選挙期間中は特に放送法に違反しないよう公平を心掛けていますが、そこへわざわざこういう申し入れをしたのが安倍政権です。いつもの選挙ですと、投票日までに政治についての討論番組が各局で編成されるのですが、このときは激減しました。テレビ各局は、権力から直接介入を受けたわけではありませんが、面倒を嫌って避けてしまったのです。自制というよりは萎縮でした。

また安倍政権になり、政府からテレビ局への抗議が頻繁に行われました。テレビ番組やニュースを収録し、一つひとつをチェックし、少しでも安倍政権や自民党の気に食わない報道だと、抗議したのです。こうなるとテレビ各局には、「面倒だから表現に注意しよう」「面倒だから扱わないでおこう」という自粛のムードが広がっていきます。

筆者の場合も、テレビ番組で政権の政策に対して客観的な解説をすると、すぐに政府の担当部局から「ご説明に上がりたい」と連絡がきます。もちろんこれは、内容を訂正しろ、とかいう「介入」ではありません。政府の立場を説明するから、その言い分を理解したうえで、将来気をつけて発言してください、ということなのです。

それは結局は、「政府の方針をご理解いただきたい」、つまり「政権寄りの解説をしてほしい」ということでしょう。

なるほど、テレビに出ている人には、このような「ご説明」が頻繁に行われているのだな、ということがわかります。

こういう働きかけを受けていれば、人によってはプレッシャーに感じるでしょう。その後の表現に微妙な変化が生まれるかもしれません。

こうした安倍内閣の姿勢の集大成が、先に述べた高市総務大臣の発言でした。放送内容によっては停波も辞さないという脅しでした。

この発言が放送事業者への威嚇ともとれることについて、高市は「従来の総務省の見解を答弁しただけ」と答えています。しかし二〇〇七年の衆議院総務委員会で、福田康夫《ふくだやす お》内閣の増田寛也《ますだひろや》総務相は電波停止について、「国民生活に必要な情報の提供が行われなくなり、表現の自由を制約する側面もあることから極めて大きな社会的影響をもたらす。慎重に判断してしかるべきだ」と答弁しています。

どうですか。高市発言とは大きく異なる判断です。以前は、表現の自由が侵害される可能性もあるので「電波停止」という伝家の宝刀は簡単に持ち出すべきではない、と言っていましたが、安倍政権はその宝刀を露骨にちらつかせているのです。

放送事業は許認可制であり、監督省庁の総務省から「停波」という言葉が出れば、現場は少なからずプレッシャーを感じ、萎縮してしまいかねません。権力の誇示は、民主主義を歪《ゆが》めてしまうのです。

日本の報道の自由度低下

二〇二〇年四月、国際NGO「国境なき記者団」は二〇二〇年の報道の自由度ランキングを発表しました。これによると、一八〇の国と地域のうちで、日本の順位は六六位になっています。

二〇一〇年の時点では一一位だった日本ですが、一三年には五三位に転落し、一四年は五九位、一五年が六一位で、一六年は七二位と年を追うごとにランキングは下がってきましたが、その後は少し持ち直しています。

大きく順位を下げたのは、一つは、二〇一一年の東日本大震災で東京電力福島第一原子力発電所の事故が起きた際、十分な情報公開が行われなかったことが大きな要因です。

そして自民党が政権復帰を果たし、第二次安倍内閣が発足（二〇一二年一二月二六日から）した時期とも重なっています。

民主党政権時代に上位にあったのは、政府の記者会見が一部オープン化されたことが理由の一つと考えられます。海外のメディアやフリーランスの記者、ネットメディアなどにも記者会見を開放するというもので、民主党政権下では総理大臣をはじめ、数人の大臣や一部の省庁の記者会見がオープン化されていました。

二〇一二年末に発足した第二次安倍政権においては、この記者会見のオープン化が表向きは踏襲されたように見えましたが、ネットメディアやフリーランスが質問の挙手をしても、指名されることがほとんどない状態でした。そして二〇一五年九月二四日、自民党総裁選で安倍総裁が無投票で再選された後の記者会見。この会見の司会を務めた萩《はぎ》生田光一《うだこういち》筆頭副幹事長（当時）は冒頭で次のように述べました。

「冒頭、総裁から『ごあいさつ』を申し上げ、その後、平河クラブ幹事社から代表質問、その後、時間の許す限り質問を受け付けます」

平河クラブとは、自民党本部と衆議院にある記者クラブのことで、主に自民党を担当する記者の団体です。安倍総裁のあいさつに続く二社の代表質問の後、萩生田はこう宣言します。

「平河クラブに限り、質問を受け付ける」

つまりこれは、安倍政権が政府にとって不都合な質問や微妙な問題への質問を避ける、露骨なメディア操作と受け止められても仕方のない宣言でした。海外メディアには、記者会見オープン化の否定と映り、報道の自由度ランキングはさらに下降しました。

二〇一五年からの後退について「国境なき記者団」は、「日本のジャーナリストは厳格な法律によって『国家の秘密』の調査を自主規制させられている。『国家の秘密』には第一原発事故や皇室、国防などすべてが含まれる」と述べています。

特定秘密保護法が施行され、定義があいまいな「国家秘密」の取材は、記者が処罰の対象にもなりかねないため、自主規制が働く可能性も大きくなっています。

先ほども述べたように、安倍政権になってから、メディアに対する抗議や申し入れは頻繁になっています。「報道の自由」を楯にこれを無視すれば、処罰までちらつかせる厳重注意がくるのは必至で、こういった理由から、政権の意見を忖度《そんたく》した報道が多くなっているのも事実です。

しかし、そもそも権力はメディアに介入したがるものです。安倍政権は、それが過去の歴代内閣に比べて露骨だとはいえ、権力とはそういうものなのです。問題は、それにメディアが毅然として立ち向かえるかどうかなのです。

日本新聞協会は、軽減税率の新聞への適用を政府に求めていましたが、二〇一五年、新聞の定期購読料も対象品目に含めるという閣議決定がなされました。これは、新聞各社が安倍政権に借りをつくったようなもの。報道が政権への迎合につながる恐れさえあります。

この六六位という順位には、ただ日本では自由な報道が許されていないという意味だけでなく、自由な報道をしようとしていない、という日本のマスコミへの批判も含まれていると考えた方がいいでしょう。

ネットからのマスコミ批判も

最近になって目立ってきたのが、インターネット上のマスコミ批判でしょう。マスコミを「マスゴミ」と称し、厳しい批判が飛び交います。

しかし、ここには「もっともだ」と納得できる批判もあれば、単なる偏見にもとづいた批判もあります。既存マスコミに対する過大な期待が転じて中傷に陥っているものも散見されます。例えば、「○○事件を××新聞社が報じないのは意図的だ」という類です。実際は、他の新聞社の特ダネで、××新聞社は自社としての確認が取れないために報じられないでいるだけだったりするのです。

ここには、「マスコミにはありとあらゆる情報が集まり、報じるべき内容を担当者が意図的に、あるいは恣意的に選択している」という思い込みがあります。

しかし、マスコミを構成しているのは生身の人間。マスコミだからといって社内にあらゆる情報が集まるはずはありません。各社は各所にアンテナを張り巡らし、情報収集に必死になっているのです。報道がないのは、単に知らなかっただけ、ということはよくあることなのです。

そういった事情を知った上で、報道の仕方が正しいのか、別の視点はないのか、厳しくチェックする力が、情報の受け手には求められているのです。

第六章

五五年体制以後の連立政権

連立政権と自民党の下野

国会で各政党が法案を提出し、それを成立させるためには、その法案に賛成する議員の数が過半数必要になります。大半の議員はどこかの政党に所属していますから、過半数を占める政党があれば、基本的にはその政党の法案が成立することになります。

しかし、どの政党も過半数を維持できなければ、法案を可決することができなくなります。そこで、マニフェストを実現し、選挙で訴えた主張を法案にしていくために、同じ意見か似た意見の他の党と連帯して政権を組みます。これが連立政権です。

一九九三年の衆議院総選挙直前は、自民党の分裂もあって新たな政党が次々に誕生し、「新党ブーム」と呼ばれました。この頃、政治家への企業からのヤミ献金などが発覚し、自民党長期政権への不信感が高まっていたのです。

自民党の長期政権を信頼できなくなった国民が選んだのが、新たな政党でした。自民党は辛うじて選挙前の議席数を保ちましたが、衆議院で単独過半数を獲得することができず、一方で非自民の各政党は議席数を大きく増やしました。そして日本新党の細川護熙政権による非自民八派（日本社会党、公明党、新生党、日本新党、民社党、新党さきがけ、社会民主連合、民主改革連合）の連立政権が成立します。自民党が比較第一党だったのですが、他の野党（共産党を除く）の議席を合計すれば過半数に達したからです。これによって、四〇年近く続いた「五五年体制」が崩壊しました。

細川連立政権の当初の支持率は七〇パーセントを超え、国民の期待の高さがうかがえましたが、結束を強めていたのは「非自民」であることで、各党の主張や思惑はバラバラでした。この政権の旗印は「政治改革」で、特に選挙制度を変えることに力がそそがれました。これにより現在の「小選挙区比例代表並立制」が実現します。

しかし、政治改革法案が成立してしまうと、細川政権の結束力は弱まります。細川首相にも「政治とカネ」の疑惑が持ち上がると、細川は、あっさり政権を投げ出してしまいます。

「自社さ」連立内閣

一九九四年に誕生した「自社さ連立内閣」は、自民党と社会党が、新党さきがけを接着剤にして成り立った政権でした。それまでの自民党と社会党の対決姿勢はいったいなんだったのだろうと、国民はさらに政治不信に陥ります。過去の議場での徹底抗戦も、実は慣れ合いだったことが公然とばれてしまったわけですから。

自民党が代表する保守勢力に、常に対峙してきた社会党でしたが、差し出された「総理大臣の椅子」にしがみついた恰好《かっこう》でした。

自民党は、与党であることの利益を追求する党でしたから、総理の座を社会党に譲ったことくらいで大きく傷つくことはありませんでした。しかし社会党は、理想を掲げたイデオロギー重視の政党であり、これまで安保条約に反対し、自衛隊は憲法違反の存在と言い続けて保守に抵抗し、支持を得てきた政党でした。

その社会党のトップである村山富市が総理大臣になった途端、自衛隊は憲法違反ではない、安保条約は堅持するとまで表明してしまったのですから、支持者たちにとっては大きな裏切りでした。これをきっかけに、社会党の全国の地方組織は瓦解していきます。

「一将功成りて万骨枯る」とはこういうことかと思いました。

社会党は、その後、社民党と名前を変えますが、このままでは社民党に将来はないと思った議員たちは党を飛び出して民主党に参加し、社民党は力を失っていくのです。

細川連立政権の誕生によって野党となり、自社さ連立政権では総理の座を社会党に渡しながら与党に返り咲いた自民党は、したたかでした。新党が生まれては消え、または再編され、社民党の力が衰える中でも、力を温存していました。いや、「与党でなければ意味がない。何が何でも与党の座を取り戻す」という執心が、党の結束を維持できた大きな理由かもしれません。

それでも村山富市総理のもとで、水俣《みなまた》病についての政府の責任を認め、日本の戦争責任を認めた戦後五〇年談話（村山談話）が公表され、戦時中の慰安婦への見舞金が支給されるなど、それまでの自民党政権が先延ばしにしてきた課題に手がつけられました。自社さ連立政権は、国民を大きく失望させる一方、自民党単独政権ではできなかったことを実現した内閣でもありました。自民党は、自分からはやりたくなかったことを、村山総理に押しつけた、とも言えます。

英国、キャメロン政権の場合

二〇一〇年のイギリスの総選挙において、保守党は三〇七議席を獲得して第一党となりましたが、議席の過半数を占めることができず、第三党の自由民主党と連立内閣を組みました。首相は保守党党首のデーヴィッド・キャメロンでした。

イギリスの選挙の場合、まず各党がマニフェストを発表し、その掲げたマニフェストについて、各党首の討論会が開かれます。これを見聞きして有権者は支持政党を決めていきます。しかしどの党も過半数を得られない場合に連立を組むことになると、その連立する政党はお互いのマニフェストを持ち寄り、妥協点を見出《みいだ》しながら連立政権のマニフェストをつくることになります。

このキャメロン連立政権が発足してまず行われたのが、両党首の国民に対する謝罪会見でした。つまり、「お互いマニフェストを実現させるために選挙を戦い、そのマニフェストに賛同した有権者に投票してもらったにもかかわらず、過半数に至りませんでした。支持された主張を少しでも通すため、妥協して連立政権を組むことになりました。その結果、マニフェストで約束したことで実現できないことも出てきてしまいました」という謝罪でした。

なるほど、これが本来のかたちではないかと筆者は思ったものです。

連立というのは、どの政党も単独で過半数を獲得できなかったときに行われるものです。そのときは、相対的に一番大きな政党が主軸となり、政策や主張の比較的近い政党と連立を組んで、過半数を確保する。それが本来の連立政権のあり方ではないかと思います。

一九八三年の第二次中曽根内閣は、「新自由クラブ」と連携することによって過半数を確保しました。「新自由クラブ」は、河野洋平や西岡武夫らが自民党を出てつくった政党ですから、基本的な思想や主張に大きな隔たりがあるわけではありませんでした。

また一九九九年一月の第一次小渕改造内閣も同様なことが言えます。このときは自民党と自由党の連立でしたが、自由党の代表は元自民党の小沢一郎でしたから、政策については比較的近い存在でした。

これらのケースは、本来の連立内閣のありように近かったのではないかと思いますが、細川連立内閣や自社さ政権は、与党でありたいという欲望が前面に強く出たものでした。

自自公連立政権へ

一九九九年の第二次小渕改造内閣では、自民党と自由党の連立に公明党が加わりました。公明党は、一九六一年に創価学会という宗教法人を母体にして発足した「公明政治連盟」が、一九六四年に改組して設立された政党で、現在もその支持母体は創価学会です。五五年体制の時代から、基本的には二大政党である自民党にも社会党にも寄らない中道の立場をとっていましたが、地方議会においては一九七〇年代後半から大半の議会の与党である自民党と選挙協力の関係を築いてきました。

一九九三年の細川政権において、「非自民」の内閣に参加し、国政では初めて政権与党になりました。細川政権崩壊後に一九九四年の羽田内閣でも公明党議員の六人が入閣しますが、自民、社会、さきがけの村山内閣成立とともに与党を離れることになりました。

そもそも小渕政権時代の自民党は、参議院では過半数に満たず、国会運営において不安定な状態でした。このため、安定多数を確保するために、野党との連携を考えていました。一方で政権交代を目指す民主党も、他党との連帯を望んでいました。その両党が協力を模索していたのが、自由党と公明党でした。しかし、政策面において自由党は民主党に反発し、公明党も自身の政策を実現させるために、与党である自民党を選んだのです。

こうして、「非自民」であったはずの公明党が自民党と連立を組み、自自公政権ができあがったのでした。この連立にあたって、公明党は「地域振興券」を条件にしました。これは、先に述べたように一定の条件を満たした国民に、地元で利用できる商品券を配布するというものです。利益配分の政策は公明党の公約でもあり、連立で与党に参加してこれを実現させようとしたのでした。

保守勢力の第一党として政治をリードしてきた自民党でしたが、細川連立政権で下野した後は、対立していた社会党と組み、その後も政権安定のために自由党、公明党とも連立しました。この相手を選ばない連携は、自民党が与党であることに最大の価値を見出す党であることを示しています。

自民党の公明党依存

公明党を連立の相手に選んだとき、自民党内にも違和感を訴える声はありました。もともと公明党は「非自民」の立場であり、また自民党は、宗教団体である創価学会を支持母体とする公明党を「政教分離」であるところの憲法に違反していると糾弾したこともあるからです。

ところが自公連立で選挙が行われると、大きな変化が生まれます。もともとの自民党の支持基盤は、各種業界団体や議員の地元後援会などでしたが、時代とともに動員力が減少し、支援者の高齢化も進んでいました。そこにおいて公明党の支持母体である創価学会の支援は、非常に大きなものでした。

公明党からの候補者の出馬がない選挙区では、公明党への票が自動的に自民党候補に回り、そのおかげで当選する自民党議員が増えてくるようになりました。選挙応援をするから後援会名簿を提出するようにと、公明党に迫られて最初は抵抗した自民党候補者も、結局背に腹はかえられず、それに従って当選しました。

公明党の力を借りず、自力で当選できる自民党議員は、大きく減少しています。こうして自民党の選挙での公明党依存は、ますます深まっているのです。公明党の主張には逆らえない。これが現在の自民党の実態です。

政権交代で鳩山内閣が成立したが

二〇〇九年に成立した鳩山由紀夫内閣は、衆議院選挙で圧勝した民主党に、社会民主党と国民新党が加わった三党の連立内閣でした。このときの連立は、選挙の時点から三党が「共通政策」を発表していました。

この政権が掲げたスローガンは、「脱官僚」「政治主導」です。自民党時代に官僚主義に陥って腐敗した政治を政治家の手に取り戻す、という意味のものでした。本来はそうあるべきなのですが、いきなり官僚を排除しようとしたために、政官の関係が機能しなくなってしまいます。大臣たちは官僚に対し、すべてこちらで決めるから、言われたことだけをやればいい、という態度で臨んだのでした。

例えば、それまでは毎週月曜日と木曜日に事務次官等会議というものがありました。火曜日と金曜日が閣議ですから、その前日に霞が関の各省庁の事務次官が集まり、閣議に提出する法案や、さまざまな方針を決めていたのです。これがまさに官僚主導のシンボルのようなものでもありました。一方で、それぞれの省庁を代表した事務次官が摺り合わせを行う会議ですから、無理な法案などは閣議に上げない役目も果たしていました。

さらにこの会議で、他の省庁がどういう方針なのか、どのような政策を行おうとしているのかなどがわかりますから、どのように協力すべきかもわかったのです。この会議を鳩山政権は「政治主導」にするために廃止します。

こういった事態があちこちで起こり、官僚は次第に「指示待ち」になっていきました。その結果、三・一一のような状況に際し、官僚機構が機能しないという事態を招きます。

過去一時期の自民党政権のように、政策は官僚に丸投げし、その説明だけを受けて国会に臨む姿は正常とは言えませんし、官僚の天下りまで許してしまうのは論外です。しかし、各省庁に存在する有能なパワーを使いこなせない政治も、本来の姿であるとはいえません。

新たな自公連立に

選挙における自民党の公明党依存は明白で、二〇一七年の衆議院総選挙では、自民党が得た二八四議席のうち二一八議席は小選挙区でのものでした。つまり組織票に影響されやすい小選挙区制で、公明党からの支援の票によって押し上げられた自民党候補がどれほど多いかがうかがえます。

一方で、このような関係にある以上、少数派の公明党の意見を自民党は無視できなくなってもいます。二〇一四年六月の国会において、安倍政権は、憲法解釈の変更による集団的自衛権行使容認に踏み切る閣議決定を採択することができませんでした。これは公明党の反発によるものでした。その後、最終的には合意しますが、安倍政権がより右寄りになることに対して、ある程度の歯止めになってきたことは確かです。

消費税の税率引き上げにおいての軽減税率も同じで、その是非は別にして、公明党の意見を自民党は無視できなくなっています。

連立を組んだことにより、少数派の政党の言い分が通る。大政党と連立を組むことによって、小さな政党が強い発言力を持つようになる。これを「キャスティングボートを握る」と言います。

イスラエルでは、小さな党がたくさんある中で、「リクード」と「労働党」が二大政党で、選挙ではどちらかが勝つことになります。しかし、選挙に勝利しても過半数に満たなければ、他の少数政党と連立しなければなりません。リクードは保守的な政党ですが、さらに右翼的な政党と組んだ場合、その連立政権は強硬なタカ派政権になります。パレスチナとの妥協を一切認めないという政権になってしまうのです。ところが、それが穏健な党と連立を組むと、穏健な保守になったりします。小さな政党と連立を組んだとき、その小さな政党の発言力が大きくなるというのは、日本だけのことではないのです。

政党というのは、自分の主張を実現するための組織ですが、いつも選挙に勝てるとは限りません。そして所属する政党が選挙で負けたときには、自分に投票してくれた有権者に、どこまで誠実に対応できるかということが大事になってきます。

自分たちの都合のために、それまで主張していたことを全部かなぐり捨てて、政権与党になってしまうようなことをやってしまえば、それは、民主主義の否定です。その一方で、第一党になったとしても、過半数を維持できなければ、何にも実現できないわけです。

政治というのは、ある意味で妥協の産物なのです。主張や意見の違う政党が議論を交わすことによって、その妥協の仕方もだんだん上手になっていくのが民主主義の成熟だと思います。違うマニフェストを持っていた政党同士が、それぞれのマニフェストを摺り合わせることによって、最大公約数を見つけ出すということです。

大切なのは利害関係ではなく、将来の展望です。議員の数に頼って押し通す政治は、いくら多数決とはいえ、明らかに民主主義の理念からかけ離れています。民意がどこにあるのかを知るために耳を傾け、将来を展望できる政治が求められています。日本の民主主義は、そこに向かって進んでいけるのでしょうか。

第七章

これからの日本の民主主義

民意とは何か――数の論理と無視される民意

二〇一五年九月一九日、安全保障関連法案は、参院本会議で採決され、自民党や公明党などの賛成多数で可決、成立しました。朝日新聞の世論調査では、この安保関連法に「賛成」する人は三〇パーセント、「反対」は五一パーセントで、さらに、国会での議論が「尽くされていない」という回答は七五パーセント、安倍政権が国民の理解を得ようとする努力を「十分にしてこなかった」は七四パーセントにもなっています。

安保関連法に関して、国民の半数以上が反対しているにもかかわらず、強行採決で通してしまう。これは、安倍政権が民意を無視していると言わざるをえません。しかし、これが間接民主主義でもあるのです。自民党と公明党は選挙で圧勝し、過半数どころか衆議院では三分の二の議席さえあるのですから。選挙で勝ったんだから、つまり国民の支持を得ているんだから、何でも自由にやれる。そう思わせてしまうところが、間接民主主義の危険なところです。

自民党と公明党が大勝した二〇一四年一二月の総選挙は「アベノミクス選挙」と言われました。「景気対策が必要ですよ、アベノミクスによって景気対策をしますよ、どうですか？」というのが主な争点でした。しかも「消費税の引き上げも先送りしますが、どうですか？」と訴えていました。これに賛成して票を投じた人も多かったことでしょう。

ところが選挙に勝った途端、「マニフェストに入っていますから」とばかりに安保関連法を可決させてしまう。デモや集会で反対する声が上がろうと、数の論理で押し切ってしまう。これは、一応ルールにはのっとっていますが、本当の意味での民主主義的な態度とは言えません。

この構図は過去にもありました。それが六〇年安保のときです。総理は岸信介。安倍晋三の祖父です。日米安保に反対する学生や市民が国会を包囲し抗議の声を上げていましたが、そのとき岸は「国会周辺は騒がしいが、銀座や後楽園球場や映画館はいつも通りである。私には声なき声が聞こえる」と発言しました。つまり、国会周辺で声を上げる人々は、ごく一部にすぎず、それが民意とは限らない、と言ったのでした。

小泉政権の時代に郵政民営化を掲げた選挙で「シングル・イシュー」という言葉が使われるようになりました。つまり、争点を一つに絞る、というやり方で、近年の選挙でもその傾向は変わっていません。国民からすれば「シングル・イシュー」で投票しても、その他すべてのことに関して委任したわけではありません。野党や国民の反対意見も聞き、国会で熟議を重ねた上で物事を決めるのが民主主義のあり方のはずです。

しかし残念ながら、日本の選挙においては、結果的に白紙委任を与えることになってしまいます。それは言いかえれば、期間限定の独裁制を容認したということにもなるのです。

主張のあり方

先進民主主義国では、何かあれば、ごく当たり前のようにデモや集会が開かれます。フランスではサルコジ政権のときに、年金制度を変えると政府が発表したら、大人だけではなく、高校生の大規模なデモが全国で起こりました。年金制度は自分たちの将来に関する問題で、勝手に変えられては困ると高校生が声を上げたのです。

二〇一〇年のイギリスでは、大学の授業料の値上げが発表されると、ロンドンで一万人規模のデモが起こっています。政治に対して何かをアピールするのがデモや集会で、このアピールによって政治が変わる可能性があることを、彼らは知っているし、その力を信用しているのです。

日本でも、労働争議や日米安保反対闘争などで知られるように、デモが頻繁に行われていた時代がありました。しかし、一九七〇年代、安保反対の学生たちが過激化し、日本赤軍や連合赤軍が生まれるに至って、学生運動のデモは過激な行動で、危険なものだという認識が広まり、デモが反社会的なものとみなされるようにさえなりました。地方の高校生が東京の大学に進学するとき、親から、「デモにだけは参加するな」とくぎをさされたという話を多く耳にしました。

一九六九年に文部省から各都道府県の教育委員会などに送られた「高等学校における政治的教養と政治的活動について」という通達には、「学校は、平素から生徒の政治的活動が教育上望ましくないことを生徒に理解させ、政治的活動にはしることのないようじゅうぶん指導を行なわなければならない」と書いてありました。高校生の政治的活動が教育上望ましくないとあるのは、時代を考慮しても驚くべきことです。

そういう時代が過去のものとなり、二〇一五年の安保法制論議の際には、学生たちの組織であるＳＥＡＬＤｓなどがデモや集会を呼びかけます。これはたいへん画期的なことでした。賛成であれ、反対であれ、自分たちの主張を展開し、デモや集会で支持を広げる。これは民主主義国家として大事なことです。世界には、そうしたことが許されない独裁国家がいくらでもあるのですから。

二〇一六年七月の参議院選挙から、日本でも一八歳からの投票が可能になりました。

世界のほとんどの国が一八歳からの選挙権を認めていることを考えると、あまりに遅い決断でした。

二〇一六年の六月に施行された改正公職選挙法は、一八歳以上に投票だけでなく選挙運動も認めています。一八歳になれば、高校生でも選挙運動ができるのです。ところが、愛媛県の教育委員会は、「校内での政治活動や選挙運動は原則禁止」「校外で参加する場合は一週間前までに保護者の許可を得てホームルーム担任に届け出るよう生徒に求める校則変更」を各高校に求めました。

この方針が打ち出されると、各校は揃って「自主的に」このように校則を変更しました。実に非民主的です。政治活動するなら届け出ろ。世界の先進民主主義国の人たちが聞いたら笑い出すでしょう。

誰に投票するのか

二〇一六年七月の参議院選挙では、一八歳と一九歳が新たに投票権を手にしました。このとき多くの若者から、「候補者をどうやって選べばいいか、わからない」という声を聞きました。支持する候補者や政党があれば、簡単に決まるでしょうが、そうでない有権者は迷います。そういう人にはまず、各政党のマニフェストを見ることをお勧めします。

二〇一九年の参議院選挙は議員定数二四八人のうち半数の一二四人が改選の対象になりました。その内訳は、選挙区が七四人で比例区が五〇人です。

比例区は非拘束名簿式になっていて、政党か立候補者のいずれかに投票します。候補者の個人名が書かれた票は、その候補者が所属する政党の得票として計算され、獲得票数に比例して、その政党の当選者数が決まります。その上で政党内の当選順位は、個人票の得票数で決まります。

選挙区においては、一人改選の小選挙区が三二人、二人以上改選の中選挙区が四二人でした。衆議院選挙は小選挙区ですが、参議院選挙は中選挙区です。

中選挙区では同じ政党から複数の候補者が立候補することもあります。その場合は、その候補者の主張を聞いてみることです。

選挙間近になると新聞にも各政党のマニフェストが掲載されますが、政党のウェブサイトで見ることもできます。それぞれの政党がどんな主張をしているのかを知り、賛同できる主張とそうでない主張を探してみましょう。また候補者もそれぞれにホームページを持っていますから、そこで個人の意見を知ることもできます。候補者のホームページを比較すると、熱心に政策や行動を書き込んでいる候補者もいれば、おざなりで、直近はいつ書き込んだのだ、と突っ込みを入れたくなる人もいます。

いろいろ比較してみると、主張の説明が曖昧だったり、政党の言葉そのままだったりするものもあり、判断の材料になります。

とにかく選挙においては、受け身にならないことが大切です。向こうは政治をする人、自分たちは投票する人、というのではなく、たった一票かもしれませんが、その一票にしか何かを変える可能性はありません。それを生かすべく、積極的に飛び込んでいく姿勢が大事です。知識を増やし、政治に関わっているという意識を高めてください。

スイス人の母親と日本人の父親を持つ春香《はるか》クリスティーンは、スイスでは高校生たちがみな普通に政治のことを語り合っているのに、日本の高校生たちは誰も議論しないことに驚いたと言います。そこから彼女は、日本の政治に興味を持って調べるようになりました。それが、その後の彼女の活動につながったということです。

確かに同世代のアメリカやヨーロッパの学生と日本の学生を比較すると、日本の学生はかなり幼く見えます。これは、選挙権が二〇歳からしか認められなかった影響があるのではないでしょうか。

「シルバー民主主義」という言葉を聞いたことがあるかもしれません。いま日本では少子高齢化が進み、有権者に占める高年齢層の割合が高くなっています。そうなると政治家は、多数派の高齢者層に配慮した政策を打ち出すことになります。その結果、少数派である若い世代や中年層の意見が政治に反映されにくくなってきます。シルバー世代の声は通るけれど、若い人への対策は先送りになる。それでは、日本の未来はないということです。

橋本大二郎《はしもとだいじろう》が高知県知事だったとき、「次の選挙のことを考えれば、ゲートボール場をたくさんつくればいい。でも、県の今後の発展を考えれば、子どものためのサッカー場をつくったほうがいい」と発言しました。これはシルバー民主主義を象徴する名言でした。

しかし、そうなってはいけないからこそ、若い世代の人たちは、とにかく投票所に足を運んで、影響力があることを示す必要があります。若いやつらを怒らせると大変だ、というくらいの力を見せることが大切なのです。それぐらいの気構えでいることです。

変わらない選挙のかたち

選挙で投票するとき、日本では、投票用紙に政党名か候補者の個人名を記入します。これは世界でも珍しいことです。ほとんどの国は投票用紙に候補者や政党が印刷されていて、そこに×印をつけるようになっています。細川連立政権の政治改革のとき、日本の投票用紙を変えて世界のスタンダードと同じにしようとしましたが、自民党が反対しました。自民党は、支持者に党名と候補者の名前だけを記憶して書いてもらっていたので、他政党や自民党以外の候補者の名前が投票用紙にあると、迷いが生じたりつけ間違いがあったりして目減りすることを心配したのです。だからこそ、選挙カーの候補者の名前の連呼があるのです。

アメリカの大統領選挙を見ればわかるように、海外では戸別訪問がごく一般的です。ところが、日本の法律では、これが公職選挙法違反として禁じられています。もともとは、こんなことを認めると密室で買収が横行する、というのが理由でした。

しかし、戸別訪問が認められないため、候補者は宣伝カーで名前を連呼するという前近代的な方法に頼らざるをえません。お金もかかります。そこで、細川政権の時代にお金のかからない選挙を目指して戸別訪問を取り入れようとしましたが、やはり自民党の反対にあって断念しました。戸別訪問を認めると、組織力のある共産党と公明党に有利に働くことを危惧したのでした。当時公明党は野党でしたから。組織政党に有利になるからという理由で、結局、戸別訪問は認められることはありませんでした。

いま買収行為などがあれば、SNSなどでたちまち広がって摘発されるでしょうし、それを防ぐ方法はいくらでもあるでしょうに。かくして、「選挙が始まるとうるさい」という印象ばかりが先立ちます。

アメリカやイギリスでの戸別訪問を取材したことがあります。どちらも党員あるいはボランティアが、無償で一軒一軒を訪ね、政策を訴えています。これぞ民主主義と感動したのですが。

憲法改正の動きが具体化

安倍政権は憲法九条を変えたかったのですが、そのためには、衆議院と参議院、それぞれで三分の二を確保しなければなりません。政権発足当時は、それが非常に難しい状態だったので、第二次安倍内閣ができた当初は、憲法九六条を変えようと言い出しました。

憲法九六条を変える。これは、憲法改正をしやすくするための改憲案です。憲法を改正するには「各議院の総議員の三分の二以上の賛成で、国会が、これを発議し、国民に提案してその承認を経なければならない」とあり、この発議の条件を「過半数の賛成」にしようとしたのです。

ところが当時慶應義塾大学の教授で改憲論者でもあった小林節《こばやしせつ》が、安倍総理を批判します。「『三分の二以上で国会が発議し、国民投票にかける』というのが世界の標準。私の知る限り、先進国で憲法改正をしやすくするために改正手続きを変えた国はない。（略）地道に正攻法で論じるべきだ。『九六条から改正』というのは、憲法への『裏口入学』で邪道だ」と。その批判を受けた途端、安倍総理は九六条について言わなくなりました。批判がこたえたのでしょう。その結果は、「集団的自衛権の解釈を変えよう」というものでした。つまり、憲法九条も九六条も変えるのが難しいから、憲法を改正するのではなく、憲法の解釈を変えればいいというものだったのです。

これには「立憲主義に反する」という批判が集まりました。すべての政治は憲法にもとづいて行われるもの。うまくいかなければ憲法を変えるべきであって、解釈を変えるのは、実質的に「解釈改憲」になってしまう、というものです。

批判はありましたが、安倍内閣は「いまの憲法でも集団的自衛権は行使可能だ」という憲法解釈を決定。それにもとづいて安保関連法を成立させました。

ところが、その後「憲法改正」とは言うものの、具体的な改正案については言及しなくなりました。「憲法改正は国会で議論してもらう」という言い方になったのです。そこには、憲法九条の改正が難しいという現実的な判断があったようです。

というのも、「改憲勢力」に位置づけられている連立相手の公明党が、九条改正に慎重だからです。いや、「反対」と言ってもいいでしょう。

その一方で、集団的自衛権の行使を認めたことで、実質的に九条改正を果たしたという判断もあるかもしれません。

結局、安倍総理は、憲法改正を実現できないまま辞任しました。その一方で、自民党内で議論されている憲法改正案が、「緊急事態条項」の新設です。

二〇一六年のパリの同時多発テロのようなことが起きた場合どうするのか、もしくは例えば、衆議院を解散して、衆議院議員が一人もいないような状態になっていたときに、大地震が起きたり、あるいはよその国が侵略してきたらどうするのか、ということです。テロや大災害が起こった中で、予定どおり投票ができるのか。投票どころではないという事態もありうるだろう。そういう状況で、非常事態宣言をし、選挙を先延ばしにするなどの権限を内閣が持つことを、憲法に設けるべきではないか、という議論です。

非常事態における規定が憲法にないのは困るので、その部分を改正しようという主張です。このやり方を聞いて、ドイツにおいてナチスが絶対的権力を持つようになった経緯を想起する人もいます。ヒトラーのナチスが選挙で勝利し、政権を手にした当初は、絶対的な政権ではありませんでした。しかし騒乱に乗じて大統領緊急令を布告させ、憲法の効力を停止させて、ヒトラー首相は、大統領をも兼ねる「総統」になっていきます。緊急事態条項は、こういうことに道を開く危険な条文だという指摘もあるのです。

自民党と連立を組む公明党は、憲法第九条を変えることに関しては非常に慎重ですが、環境権やプライバシー権を憲法に盛り込むことには賛成しています。それであるなら、誰もが賛成できるような条項について改憲をまずやってみて、まずは「憲法は変えられるんですよ」と国民に体験させたらどうか。その上で、九条の改正に進んだらどうか、という議論もあります。これは「お試し改憲」と言われています。

「駆け付け警護」の「いまそこにある危険」

集団的自衛権の行使については、さまざまな歯止めがかかっていますから、すぐに戦争に巻き込まれる可能性はほとんどありません。

ただし、世界でPKO活動をしている自衛隊にとっては、大きな影響が出ます。それが「駆け付け警護」です。これは、自衛隊がいるすぐ近くで、別の国のPKO部隊が武装勢力から襲撃をされたときに、武装して駆け付けて、その人たちを守ることを認める、というものです。

これまで自衛隊は、一人も殺すことなく、一人も殺されることもなく、一発の銃弾も敵に撃つことはなかったのですが、これからはそうはいかないということになります。

さらに二〇一六年のアメリカ大統領選挙で共和党のトランプ候補は、各地の集会で「もし日本がどこかの国から攻撃されたら、アメリカは助けに行くことが義務になっているけれど、アメリカがどこかの国から攻撃されたとき、日本の自衛隊は助けに来てくれない。これでは不公平だ」としきりに発言しました。やがてアメリカからの圧力がかかることは避けられないでしょう。集団的自衛権のような限定的な容認ではなくて、全面的にやれという要求があるかもしれません。その先には、「テロと戦う有志連合に加われ」という圧力の可能性さえあることを視野に入れるべきでしょう。

集団的自衛権の行使を認めるということは、そこまで考える必要があるということです。

待機児童問題をどう考えるか

安保法制と好対照を見せたのが、「保育園落ちた日本死ね!!!」というブログの発言でした。この乱暴な言い方も問題になりました。国会で取り上げられたときも、自民党の議員から、「誰が言ったんだ」、「匿名なんか相手にするな」、「典拠を示せ」、などと非難を浴びましたが、それを見ていた母親たちが、「それは私だ」と立ち上がったのです。「#保育園落ちたの私だ」というツイッターのハッシュタグをつくって、自然発生的に声をかけあった人たちが、国会の前に集まりました。お互い知らない同士が集まり、「それは私たちだ」と、一人ひとりが手を挙げたのです。

その結果、これが政治を動かしました。二〇一六年、女性たちは署名を集めて、国会内で当時の塩崎恭久《しおざきやすひさ》厚生労働大臣に提出、大臣自身も、保育園に入れるような体制づくりに努力しますと言明します。さらに安倍首相は、待機児童問題は、保育士の不足から生まれたこととして、最初は保育士の資格要件の変更などで対応しようとしましたが、保育士が足りないのは給料が安いからだと認め、急遽二パーセントの給料の引き上げと、そのための予算四〇〇億円を補正予算で措置することを、あっという間に決めました。そもそも保育士の数が足りないということはわかっていたにもかかわらず、ずっと対策はとられてきませんでした。その背景には有権者の数があります。

小学校に上がる前の、五歳以下の子どもの数は、全国でおよそ六〇〇万人です。このうち待機児童といわれる、認可保育園に入れない児童の数は、厚生労働省の発表でおよそ四万五〇〇〇人。この四万五〇〇〇人の子どもには、選挙権はありません。この問題に関して選挙権を持つのはその親たちで、およそ九万人。しかもその親たちの世代の多くを占めるであろう三〇代の投票率は、四割ほどです。つまり票の数でいうと、約三万六〇〇〇票にしかなりません。

一方で六五歳以上の人口は、約三三八四万人。投票率も三〇代に比べてずっと高くなります。この差は一目瞭然で、政治家がどちらを優先した対策をとるかは、誰の目にも明らかです。しかし、将来国を背負っていく児童の問題より、数だけを見ての選挙対策が重要な政治家ばかりでは、明るい未来は見えてきません。

匿名のブログでの発言が、わずか二週間で政策を変えました。怒れる母親たちが集まったことで、政治を動かしたのです。

これがまさしく民意であり、民主主義のダイナミズムであると言えます。一人ひとりは一見、無力なように見えますが、集まれば大きな力になるのです。

ただし、そこにはタイミングもあります。もしこれが参議院選挙の前でなければ、先送りされていたかもしれません。

しかし、間接民主主義と直接民主主義がうまくかみ合って、民意を実現させたということは事実です。声を上げれば政治を動かすことができる、という実績を、少しずつ積み上げていくことが大事です。

集団的自衛権に関しては、ある種イデオロギー的な対立で、賛成側も反対側もどちらも後に引けない深刻な対立になりましたから、簡単に解決法は見つからないでしょう。

しかし、女性たちが働きたいのに子どもを預けることができない、という問題は、議論によって解決法が見えてきます。そういう「かみ合う議論」が起こり、民意が届くことが、成熟した民主主義なのではないかと思います。

少子化に歯止めがかからない事情

高度経済成長期から団塊の世代がリタイアするあたりまで、働けば働くほど給料が増え、右肩上がりで日本は豊かになってきました。働けば報われると信じることができた、いわば幸せな時代でした。それが今、日本は成熟してしまって、昔のような経済成長を望むことは難しくなっています。

閉塞的な状態の中で格差が進み、非正規雇用が増えてくる。非正規雇用が増えてくると、安定した生活は保障されず、結婚に二の足を踏む人も出てきます。こうなると非婚率が高くなり、ますます出生率が下がっていきます。それにもかかわらず、政治は高齢者の方ばかり向くので待機児童は減らず、女性の再雇用や職場復帰はさらに困難になる。既婚者も子どもを産むことに二の足を踏むようになります。こうして両者あいまって、ますます少子化が進むという悪循環になってきています。

非正規雇用でいえば、小泉政権のときに経済財政政策担当大臣や金融担当大臣を務めた竹中平蔵は、大手人材派遣会社パソナグループの会長に就任しました。公の立場から派遣労働者を増やせと言い、それが自分の会社の繁栄につながるとなると、モラルの上でどうなのか、という批判が出るのは当然でしょう。

しかしこれも、そういう政権を国民が選んだ結果なのです。何かがおかしいとなれば、そういうことに歯止めをかけられるような政権を生まなければいけないということです。

教育格差拡大

東京大学や東京工業大学、一橋大学などといった難関国立大学の学生の多くが、首都圏の中高一貫校の卒業生だという事実があります。私立の中高一貫校に子どもを通わせることができるのは、基本的に家庭が高所得だからです。つまり親の所得が高ければ、塾であろうと教材であろうと望むだけの教育環境が与えられ、進学の選択肢も増えていきます。そうでない家庭との教育環境の格差は広がるばかりです。この状況も成熟した民主主義が機能している社会で起こるとは言い難い現象でしょう。

さらに「子どもの貧困」が確実に広がっているという問題があります。こういったことにこそ、国はお金をかけるべきでしょう。そして、それを民意として伝えるべきなのです。どんな家庭の児童もきちんとした教育が受けられる国であってこそ、子どもたちは平等なスタートラインに立てます。きちんとした教育を受けられれば、家庭が貧しくても、その教育の先に正規雇用があり、安定した生活が送れるようになります。しっかりとした所得があれば、きちんと国に税金を納めることもできます。国が教育にかけたお金は、回り回って、国に戻ってくるのです。

政治家にとって、子どもや教育の問題は選挙に直接つながらないことかもしれません。しかし長い目で国を見ることができる政治家がいれば、それは「よき納税者を育てる」ことを可能にするでしょう。例えば北欧のフィンランドは、この納税者を育てることを教育の目標に掲げています。

政府は「一億総活躍社会」というスローガンを掲げ、「一億総活躍担当大臣」を任命しました。少子高齢化に歯止めをかけて、一億人の人口を五〇年後も維持し、家庭や職場、地域で誰もが活躍できる社会を目指すといいます。しかし、希望出生率を一・八人まで回復させるとか、二〇二〇年代には介護離職をゼロにするといった目標はあっても、具体的な政策はなかなか見えてきません。結局は、聞こえのいい言葉での選挙対策といわれても仕方のないような曖昧さです。

さらに言えば、「一億総活躍」という言葉が生まれるまでには、「女性活用」という言い方がされていました。女性は「活用」する対象である。古いおやじ世代の上から目線を象徴する言葉でした。

さすがにまずいと気づいた人がいたようで、「すべての女性が輝く社会づくり」と言い換えましたが、「活用」という言葉が出る発想に、主権が国民にあることを忘れている様子が透けて見えます。

本来、一人の人間として、個人として尊重され、それぞれの能力を最大限に発揮できる、それが、日本国憲法に保障された人権のはずです。

戦後の首相

名前の下は出身都道府県、
その下は国会議員初当選の選挙区。
選挙区は当時のもの。
★印は、内政力、外交力、演説力、
指導力についての、著者の五段階評価。

四三代
東久邇宮稔彦（ひがしくにのみや なるひこ）　京都府

※在任が短期間のため評価不能

終戦直後、陸海軍の武装を解除し、終戦に伴う手続きを進めるため、一九四五年八月一七日、皇室から抜擢されて内閣総理大臣に任命される。憲政史上最初で最後の皇族内閣。マッカーサーの信頼を得るが、GHQの民主化指令に対応しきれず、内閣は総辞職。五四日の短命政権に終わる。就任後の施政方針演説で、「過去を以て将来の誡めとなし、将来の進運を開くべき」として、「一億総懺悔《そうざんげ》」という歴史に残る言葉を残した。

四四代

幣原喜重郎（しではら きじゅうろう）

大阪府　大阪府第三区

内政力	☆★★★★	
外交力	★★★★★	
演説力	☆☆★★★	
指導力	☆★★★★	

戦前、三代の内閣で外相の地位にあり、その国際協調路線は「幣原外交」として知られた。一九四五年一〇月から在任八か月の間に、婦人参政権の付与、労働組合結成の奨励、教育の自由主義化、圧政的諸制度の廃止、経済機構の民主化など、GHQの五大改革指令の実現に尽力。一九四六年一月一日、天皇自らが、神格を否定する「人間宣言」の詔書の発表にたずさわる。とりわけ、海外に向けて意味深い重要な文書であることから、幣原が自ら英文で草稿を書いた。日本国憲法制定にも尽力した。

四五代
吉田茂（よしだ しげる）　東京都　高知県全県区

内政力 ★★★☆
外交力 ★★★★
演説力 ★★★★
指導力 ★★★★

東京帝大卒業後、一九〇六年、外務省に入省。満州、ロンドン、ローマなどに赴任。駐英大使だった一九三六年、日独防共協定締結に強く反対。この行動が親英米派とみなされ、戦前・戦中は苦汁をなめたが、戦後はGHQから信頼を受け、占領から独立にかけ、通算七年二か月の間、首相を務めた。一九四六年五月、組閣直前に自由党総裁鳩山一郎が公職追放されたことから第一次吉田内閣を組閣、外相を兼ねた。一九四七年、二・一ゼネスト中止後の総選挙で社会党が第一党となると、責任をとって下野した。一九五〇年に朝鮮戦争が始まると、同年八月、警察予備隊を発足させた。一九五一年、サンフランシスコ講話会議の首席全権として、サンフランシスコ講和条約、日米安保条約に調印。

池上コメント

占領から独立にかけて、日本が一番大変な時期に舵とりをした政治家です。

また、警察予備隊をはじめ、現在の憲法論議につらなる問題を一手に仕切った人物でもあります。ワンマン宰相と呼ばれ、「いつも何を食べていますか?」という質問に、「人を食っておる」という、文字通り〝人を食った〟答えは語り草になっています。

彼のすごいところは、一九四七年の総選挙で、日本社会党が第一党となると、その責任をとって下野したことが挙げられるでしょう。他党と連立を組めば政権を維持できたにもかかわらず、彼はその道を選びませんでした。この判断について、吉田は「憲政の常道」という言葉を使いました。与党は連立を組み直してまで、政権にしがみつくのではなく、第一党の党首に政権を譲るべきであると言って身を引いたのです。この潔さが、その後、総理の座に返り咲く道を開きます。

四六代
片山 哲（かたやま てつ）　和歌山県　神奈川県第三区

内政力	☆☆★★★
外交力	☆☆★★★
演説力	☆☆★★★
指導力	☆☆☆★★

社会民主主義者の政治家で、クリスチャン。簡易法律相談所を開設して、貧しい人々の訴訟を助けた。一九四五年、日本社会党が結成されると、書記長に就任。翌一九四六年、初代委員長になり、一九四七年四月の総選挙で第一党に社会党が躍進、総理の座についた。総選挙直後、「次の政権は資本主義から社会主義に移行する性質をもった政権であらねばならない」と明言。資本主義か社会主義かが、選挙の争点となった。

日本国憲法下で、最初の内閣であったが、重要法案であった石炭増産のための炭鉱国家管理法が産業界から反発を受け、九か月で総辞職した。

池上コメント

一九四七年の総選挙で、社会党は第一党になれるとは思っていませんでした。吉田茂総理が「憲政の常道」と語って政権を社会党に引き渡したため、準備ができていないまま政権を引き受けました。

準備がないままの政権でしたから、党内のゴタゴタが続き、左派と右派の対立が激化。結局は退陣に追い込まれます。このパターンは、その後の社会党の連立政権や民主党の政権掌握時も繰り返され、いずれも短命政権で終わっています。野党が政権を掌握した後、維持するのがいかに困難か、片山内閣がその典型例を示しています。

四七代 芦田均（あしだ ひとし） 京都府 京都府第二区

内政力	★★★☆☆
外交力	★★★☆☆
演説力	★★★☆☆
指導力	★★☆☆☆

一九一二年、東京帝大から外務省に入省。ロシア、フランスなどに赴任。「ロシア革命」「パリ講和会議」など激動の歴史を身近に目にした体験から、リベラル派の外交通として、幣原喜重郎内閣に入閣し厚生大臣に就任。片山内閣では外務大臣を務める。一九四八年三月に総理就任。

憲法制定にもかかわり、インフレ克服、食糧問題など多くの課題に取り組みながらも、一九四八年、復興金融金庫融資による昭和電工疑獄事件で総辞職に追い込まれ、自身も逮捕された。一九五八年二月に無罪とはなるが、政界に復帰することはなかった。

四八代〜五一代
吉田茂

五二代〜五四代
鳩山一郎（はとやま　いちろう）　東京都　東京都第一区

内政力	★★★★☆
外交力	★★★★★
演説力	★★★★☆
指導力	★★★★★

東京市議会議員から一九一五年、衆議院議員に当選。戦時中、東条内閣や大政翼賛会に反対した数少ない政治家として知られる。文部大臣などを歴任。戦

後、日本自由党総裁。一九四六年の総選挙で、同党が第一党になるが、総理就任寸前に公職を追放される。脳溢血《のういっけつ》に倒れるが、一九五五年の衆議院総選挙で、杖を片手に地方遊説する姿が、「鳩山ブーム」を巻き起こす。同年、保守合同で自由民主党を結成し、総裁となる。一九五六年、ソビエト連邦を訪問、日ソの国交を回復させる。吉田茂との宿命的な対立は有名で、吉田のアメリカ中心の外交に対抗して、日ソ外交に力を尽くした。

長男の鳩山威一郎、孫の鳩山由紀夫、鳩山邦夫も国会議員を務めた。

五五代
石橋湛山（いしばし たんざん）

東京都　静岡県第二区

内政力	☆★★★★
外交力	★★★★★
演説力	☆★★★★
指導力	☆★★★★

戦前にあって、しばしば発禁・削除にあいながら、自由主義的論調を貫いた経済雑誌『東洋経済新報』に一九一一年から携わり、満州事変や五・一五事件を厳しく批判。政府の軍国主義政策に反対する。帝国主義的拡張主義をやめ、

自由貿易によって、繁栄してゆくべきとする持論、「小日本主義」を説いた。

戦後、日本自由党に入り、一九四六年、総選挙に出馬したが落選。第一次吉田茂内閣の大蔵大臣に就任し、一九四七年衆議院選挙で当選。同年、GHQの指示で公職追放。五一年六月に追放解除。一九五六年一二月、石橋内閣を組閣するが病に倒れ、わずか三か月で総辞職した。その後、中国、ソ連を訪問。交流促進に活躍した。

池上コメント

悔やまれるのは、彼が病に倒れたことです。任期はたったの六五日間でしたが、彼は日本の政界に現れたことのないタイプの政治家でした。

自由民主党の総裁選で岸信介に勝って総理大臣になりますが、病のため総辞職。その後、岸信介が総理大臣となって、安保条約の改定や再軍備を提唱し、右寄りの路線を築きます。石橋は、帝国主義的な拡張政策に反対し、「小日本主義」を主張しました。日本は小さくても、繁栄した国であればそれでいいじゃないか、というリベラルな人でした。

歴史に「もしも」はありませんが、もし石橋内閣が長く続いていたら、日本の形は変わっていたのではないかと思います。

五六代〜五七代

岸 信介（きし のぶすけ） 山口県 山口県第二区

内政力	☆★☆☆☆
外交力	★★★★★
演説力	☆☆★★★
指導力	☆★★★★

一九二〇年、東京帝大を卒業し、農商務省入省。商工省の官僚時代に、当時満州国を支配していた関東軍の目にとまり、抜擢されて、満州へ。満州国国務院実業部に配属され、満州国の運営に力を振るった。一九四一年、東条英機内閣の商工大臣。一九四三年、国務大臣兼軍需次官として戦時経済体制の実質的な最高指導者となる。戦後、A級戦犯容疑で、巣鴨拘置所に収監されるが、一九四八年に釈放され、政治活動を再開する。一九五三年自由党に入り、総選挙で当選して、政界復帰。党内の憲法調査会長として憲法改正、再軍備を提唱する。謎に包まれた生涯から、「昭和の妖怪」との異名を残した。

弟は佐藤栄作。長女の婿は安倍晋太郎で、安倍晋三は孫にあたる。

池上コメント

大変な秀才で官僚として力を振るいましたが、イメージは「根暗なエリート」。国民に愛されることはありませんでした。一九六〇年の安保闘争も、「岸が嫌いだから」参加した、という人が多かったほどです。

しかし、巣鴨拘置所時代、「政治活動を再開できたら何をするか」と構想をめぐらしていました。十分な準備をして総理に就任したのです。

六〇年安保で総理公邸がデモ隊に包囲され、「安保反対」の声を聞いて、岸のそばで「アンポ、ハンタイ」と唱和して岸を苦笑させたのが、安倍晋三でした。安倍は岸を強く尊敬。二〇一五年夏の安保関連法案審議に反対するデモ隊が国会前に集まったときは、「祖父の岸のときはもっと大変だった」と述懐しています。

五八代〜六〇代

池田勇人（いけだ はやと） 広島県　広島県第二区

内政力　★★★★★
外交力　☆★★★★
演説力　★★★★★
指導力　★★★★★

京都帝大から大蔵省に入省。難病でエリート・コースから外れるが、税制のエキスパートとして復帰。一九四九年、五〇歳で第三次吉田内閣の大蔵大臣に抜擢される。一九六〇年、安保闘争後の政情不安を収拾する期待を受けて、総理大臣の座に。課題を政治ではなく経済に据え、人心を一新するメッセージで民意を問おうと、「国民所得倍増計画」を打ち出す。

苦労時代も長く、ひたすら低姿勢を心がけたが、「貧乏人は麦を食え」「中小企業の一部が倒産してもやむをえない」など誤解を生む発言もあり、一九五二年には、第四次吉田内閣の通産大臣を辞任する事件に発展した。

池上コメント

高度経済成長を見事に実現させた人物でした。大蔵省に入っても東大閥の中で京大出身ですから、エリート本線ではありませんでした。それでもキャリア組ですから、順調にいくはずでしたが、難病に倒れてしまいます。挫折を経験した人は、粘り腰というか幅があって、人間的な魅力というのが出るのですね。

経済学者の下村治をブレーンに、日本を政治の季節から経済の季節に変え、これからは所得倍増ですと断言します。あのとき、国内がパッと明るくなったのでした。労働組合は所得が倍増するのだから給料を上げろと言い、企業もこれから需要が出てくるだろうと、前向きになる。政治と経済がお互いを信頼していた幸せな時代でした。

「貧乏人は麦を食え」と発言したとして新聞の見出しになり、多方面からの批判を浴びますが、これはちょっと気の毒でしたね。

「私は所得に応じて、所得の少ない人は麦を多く食う、所得の多い人は米を食うというような経済の原則に沿ったほうへ持って行きたいというのが、私の念願であります」。これが衆議院での実際の発言でした。経済が発展していくとき、それぞれ身の丈に合った生活をしてほしいという意味だったのですが、新聞の誇張で誤解され、その真意は伝わらなかったのです。

六一代〜六三代

佐藤栄作（さとう えいさく） 山口県 山口県第二区

内政力	★★★★★
外交力	★★★★★
演説力	☆☆★★★
指導力	☆★★★★

岸信介の五歳年下の実弟。一九四七年、運輸省鉄道総局長官から運輸次官になる。一九四八年、吉田内閣で官房長官に抜擢され、一九四九年に衆議院議員初当選。自由党幹事長、郵政相などを歴任し、吉田派の中心人物となる。吉田派を継承して最大派閥の佐藤派を築いた。「人事の佐藤」といわれるように、人材起用に手腕を発揮した。一九六四年の首相就任から一九七二年まで、自民党政権としては、七年八か月の長期政権を記録する。一九七二年七月、沖縄返還実現を花道に引退した。

池上コメント

沖縄返還協定と非核三原則が高く評価され、一九七四年、ノーベル平和賞を受賞しますが、実はアメリカ軍の核兵器の持ち込みを容認するなどの密約の存在が、その後に明らかになります。この密約が早くに知られていたら、受賞はどうなっていたでしょう。

「人事の佐藤」といわれましたが、党の中で派閥が強い力を持ち、派閥抗争が起きるのは、佐藤栄作あたりからです。自分の後任をめぐって田中角栄と福田赳夫を競わせ、結果的に田中が先に総理に就任します。あの時期、オイルショックがあり、急激に物価が上昇するわけですから、さらにインフレになるような政策案を持っていた田中より、福田の方が先に総理になっていたら、狂乱インフレにはならなかったのではないかと思います。

六四代〜六五代
田中角栄（たなか かくえい）　新潟県　新潟県第三区

内政力	★★★★★
外交力	★★★★★
演説力	★★★★★
指導力	★★★★★

高等小学校卒業後、建設会社に勤め、やがて建設会社の経営者として身を立てる。一九四七年、衆議院議員に初当選して政治の世界へ。一九五七年岸信介内閣の郵政相、自民党政調会長、蔵相、自民党幹事長、通産相などの要職を歴

任。池田勇人、佐藤栄作内閣に仕えて蔵相を務め、高度成長政策を推進する。福田赳夫とともに佐藤政権の両輪の役割をになう。

一九七二年六月、『日本列島改造論』を発表し、五四歳の若さで首相に就任する。「今太閤」と呼ばれ、角栄ブームを起こす。日中復交を果たすが、一九七三年、経済政策の破綻から狂乱物価を招き、一九七四年一一月、田中金脈問題により内閣総辞職。

その後ロッキード事件で起訴され、東京地裁、東京高裁で有罪判決を受けるが、それでも最大派閥の田中派を維持し、「目白の闇将軍」と呼ばれ、政界に強い影響力を発揮した。長女は元外務大臣の田中眞紀子。

池上コメント

不況が長引くと、「角栄待望論」が再燃します。現在も角栄ブームが起きています。大学を出ていなくても総理大臣になれるという夢を庶民に与えました。政策課題を先送りすることなく、即断即決する手腕は高く評価されますが、金権政治家として批判もされます。まさに毀《き》誉《よ》褒《ほう》貶《へん》相半ばする政治家です。

六六代 三木武夫（みきたけお）　徳島県　徳島県第二区

内政力	外交力	演説力	指導力
☆☆★★★	☆☆★★★	★★★★★	☆★★★★

明治大学在学中、アメリカ、ヨーロッパ、ソ連を遊学。アメリカン大学に四年間学んだ体験を持つ。一九三七年、当時最年少の三〇歳で、衆議院議員初当選。戦後、片山哲内閣に逓信大臣として入閣。保守合同に参加して自民党に移る。

党内では、保守本流とは一線を画し、絶えず少数派閥を率いて移りかわる姿勢から、「バルカン政治家」という異名をとる。一九七四年、田中内閣総辞職に伴い、後任の総理に就任。このとき、「青天の霹靂《へきれき》」という言葉を残した。革新保守の道を歩もうとしたといわれ、「ロッキード事件」が起きると、事件の全容解明を旗印に政権を維持した。連続当選一九回。議員歴五一年七か月を記録したことから、自ら「議会の子」と称した。

義兄の森曉、森清、義弟の森美秀もともに衆議院議員で、長女の高橋紀世子は参議院議員だった。

池上コメント

「バルカン政治家」の「バルカン」とは、ヨーロッパのバルカン半島のこと。周辺の大国に翻弄されながらも独立を保とうと権謀術数を駆使したバルカン半島の人々のイメージから、こう呼ばれました。

一九七五年、三木は佐藤栄作元総理の国民葬に出席した際、右翼団体のメンバーに襲われて負傷します。これをきっかけに警察はSP（セキュリティ・ポリス）を創設します。それまでは極力目立たない警護をしてきましたが、アメリカ大統領を警護するシークレットサービスの手法を導入したのです。

六七代
福田赳夫（ふくだ たけお）　群馬県　群馬県第三区

内政力	☆★★★★
外交力	☆★★★★
演説力	☆☆★★★
指導力	☆★★★★

一九二九年、大蔵省に入省。エリート・コースを歩み、主計局長までのぼり

つめるが、一九四八年に昭和電工疑獄事件に巻き込まれて逮捕され、官界から身を引く。一九五二年の総選挙で当選。一九五九年、岸内閣で、自民党幹事長、農相を歴任、復活を遂げるが、高度成長路線を掲げる田中角栄との党内対立が深まり、佐藤栄作の後継を確実視されながらも、一九七二年の総裁選決選投票で田中角栄に敗北する。一九七六年、七一歳で首相就任を果たすが、一九七八年の総裁予備選挙で大平正芳に敗れて退陣した。経済では安定成長、外交では協調と連帯を掲げる。景気回復に全力を挙げ、「経済の福田」という名を残した。

池上コメント

地味ながら一家言ある人で、警句の名人でもありました。その最たるものが、一九七七年九月に発生した日航機ハイジャック事件での発言でした。「人の命は地球より重い」という彼の言葉は、世界中をかけめぐりました。日本赤軍にハイジャックされた日航機が、バングラデシュのダッカに強制着陸させられ、日本で服役中の仲間九人と、六〇〇万ドルを要求されたという事件で、犯人グループの要求を受け入れ、九人中六人を超法規的な措置によって釈放し、身代金を払いました。これが世界からテロリストに屈したとして非難されます。

その直後の同年一〇月に、ドイツで「モガディシュ事件」と呼ばれるハイジャック事件が起きます。ルフトハンザ機がパレスチナ解放人民戦線のメンバー四人により乗っ取られた事件で、このとき、ドイツは対テロ特殊部隊を投入。犯人三人を射殺、一人を逮捕して、人質を全員無事に解放します。日本はテロリストに屈したがドイツは屈しなかったといわれ、風当たりがさらに強まりました。

以降、日本では「テロに屈する」ということがトラウマとなります。小泉政権時代に日本の若者がイラクで人質になった際、小泉は要求に応じず、若者は殺害されます。あの対応も、福田政権のときのトラウマと言えるでしょう。

一九七八年、自民党総裁の任期満了を前に、福田は続投に意欲を持っていました。ところが、大平正芳が田中角栄の支援を受けて立候補します。この年は、すべての自民党員が投票できる総裁選の予備選挙があり、福田には勝てる見込みがありました。そこで、その結果に従うと、「天の声に従う」と言ったのですが、予想に反して予備選挙で大平正芳に大差で敗北。結局、彼は本選挙を辞退、内閣は総辞職します。

このとき「『天の声に従う』と言っていましたけれど」と記者に問われた福田は「天の声にも変な声がある」と答え、退任記者会見をしめくくります。それが彼の首相としての最後の名言となりました。

六八代〜六九代
大平正芳（おおひら まさよし）　香川県　香川県第二区

内政力	★★★★★
外交力	★★★★★
演説力	☆★★★★
指導力	★★★★★

東京商科大学（現在の一橋大学）から大蔵省に入省。一九五二年、大蔵省時代の上司だった池田勇人の誘いを受け政界入りし、衆議院議員に当選。「低姿勢」「経済主義」路線の池田勇人内閣の官房長官として推進役を務めた。一九

七二年、田中内閣で外務大臣だったときに、中国を訪問。田中角栄を助けて、日中国交正常化を実現させた。一九七八年一二月、総理大臣に就任する。一九八〇年六月一二日、衆参同時選挙の最中、急性心不全で倒れ、七〇歳で死を遂げる。

池上コメント

一九八〇年、第二次内閣では、自民党主流派の造反によって内閣不信任案が可決され、衆議院を解散し、二度目の選挙をせざるをえなくなりました。就任から在任中の急死まで、五五四日間の宰相でしたが、振り返ってみると、世の中のイメージとはだいぶ違う人物です。

記者会見のとき、「あ〜、う〜」と、前置きが長いことばかりとりあげられ、はっきりとものを言わないような印象がありましたが、実は頭の中で、しっかりとした文章を組み立てていました。ですから、しゃべった言葉をそのまま活字にしても文章になりました。記者にとってこれほど楽なことはありません。うかつな発言や誤解を避けるための前置きの長さだったのです。

勉強家でもあったし、教養があり、優秀な人物でした。私は高く評価しています。毎週金曜日、総理官邸に近い虎ノ門の書店で、週末に読むための本を大量に買い込んでいました。総理大臣任期中に、書店に一度も足を運んだことがなさそうな総理大臣もいる中で、立派なことです。

七〇代　鈴木善幸（すずき ぜんこう）　岩手県　岩手県第一区

内政力	☆☆★★★
外交力	☆☆☆★★
演説力	☆☆☆★★
指導力	☆☆☆★★

網元の家に生まれ、中央水産業界労組で委員長を務める。一九四七年、日本社会党の後援を受け、衆議院議員選挙に出馬して当選。その後、吉田茂率いる民主自由党に身を移して、保守政治家として活躍。一九六〇年、池田勇人内閣に入閣。郵政大臣、官房長官、佐藤栄作内閣の厚生大臣、自由民主党総務会長などを歴任する。政局調整に長け、水面下で独特の手腕を発揮した。大平正芳亡き後、大平派を継承。一九八〇年七月、田中、福田両派の支持を得て首相に

就任する。一九八二年一〇月退陣を表明、一九九〇年政界を引退。

池上コメント

大平正芳急死後、大平内閣の官房長官だった伊東正義が首相就任の要請を固辞したことで、同じ大平派の鈴木善幸が首相を引き継ぎました。彼はもともと社会党から出馬して衆議院議員になった人。派閥を率いたり、自民党の内部でうまく泳いだりすることには長けていましたが、政策に強い信念を持つというタイプではありませんでした。

一九八一年、鈴木はアメリカに渡ってロナルド・レーガン大統領と会談。その声明の中で、初めて「日米同盟」という言葉を使いました。帰国後、これには軍事的な意味もあるだろうと記者に問われますが、「軍事的な意味はありません」と発言します。これが大騒動になります。社会党出身で、平和主義者だった彼は「軍事」が苦手だったのです。

七一代～七三代
中曽根康弘（なかそね やすひろ）　群馬県　群馬県第三区

内政力	★★★★★
外交力	★★★★★
演説力	☆★★★★
指導力	★★★★★

東京帝大法学部から内務省に入省。海軍に入隊し、主計少佐として戦地で終戦を迎える。一九四七年の総選挙で民主党から出馬して当選。以後、二〇〇三年の引退まで連続当選する。GHQ批判の急先鋒で吉田茂と対立したが、保守合同後は、自民党で科学技術庁長官、防衛庁長官、通産大臣を歴任。鈴木善幸内閣の行政管理庁長官から、一九八二年に首相就任。トップダウンの行政改革を行い、国鉄、電電公社などの民営化を実現した。一九八七年一一月首相を辞任。

一九八九年、一時離党するが、復党後も衆議院議員を務め、衆議院議員当選二〇回。二〇〇三年一一月の総選挙で出馬を断念するように小泉総理から迫られ、しぶしぶ政界を引退した。外交では一九八三年以降、ロナルド・レーガン米国大統領と親交を結び、盟友関係を深めた。

池上コメント

功績はやはり、行政改革、民営化でしょう。国鉄と電電公社の民営化を実現させ、JRとNTTが発足します。彼は若い頃、「青年将校」と呼ばれたように、思い切った決断を好む人でした。その典型が、一九八六年のいわゆる「死んだふり解散」という奇手でした。当時、解散への道程にはさまざまな障害があったことから、解散を断念したと与野党を油断させておいて、六月に一気に衆議院を解散することを閣議決定。自民党を圧勝に導いています。「正月からやろうと考えていた。周知期間があるから解散は無理と思わせて死んだふりをした」と告白したことから、その呼び名が定着しました。

外交問題では、ロナルド・レーガン大統領との「ロン、ヤス」関係は有名ですが、同時に、もう一つ、靖国神社の公式参拝に道を開きました。それまでも靖国神社に総理大臣が参拝していましたが、一九七五年の三木武夫が「私的参拝」と表明して以降、あくまで個人での参拝でした。しかし中曽根は、国のために亡くなった人に対し、総理大臣はその資格で公式に参拝すべきであると主張。有識者会議をつくって、「公式参拝は可能だ」という答申を出させ、これを実行しました。

それまで靖国神社参拝に関して中国も韓国も何も言いませんでしたが、公式参拝となれば、黙ってはいません。これ以降、総理大臣が靖国神社を参拝するたびに、中国と韓国が非難声明を出すようになります。

このとき中国の国家主席は、中曽根と仲のよかった胡耀邦《こようほう》でした。やがて胡耀邦が失脚すると、その罪状のひとつに中曽根と仲のよかったことが挙げられました。

これ以降、歴代の中国の国家主席は「日本の首相と仲よくなると、いつ寝首をかかれるかわからない」とトラウマになります。日本とは、あまり仲よくなってはいけない、ということになるのです。

中曽根は、ＪＲやＮＴＴへの民営化を実現させたという功績もあり、日米関係も日中関係もよくしたという一方で、後の日中関係が悪くなる種をまいた人でもあったのです。

七四代

竹下 登（たけした のぼる） 島根県 島根県全県区

内政力	★★★★★
外交力	☆★★★★
演説力	☆☆★★★
指導力	☆★★★★

早稲田大学を卒業後、島根県で中学校の英語の教員をしながら青年団活動に携わり、島根県議会議員を務める。一九五八年、自民党から衆議院議員に出馬して当選。一九七一年第三次佐藤栄作内閣で官房長官として初入閣し、国会対策に活躍する。一九七四年、田中角栄内閣でも官房長官を務める。一九七九年、大平正芳内閣の大蔵大臣、一九八二年、中曽根康弘内閣で大蔵大臣などを歴任した。

一九八五年には田中派から独立して「創政会」を旗上げするが、一九八六年に解散。一九八七年、竹下派「経世会」を結成して自民党最大派閥を率いて、首相に就任する。「ふるさと創生」を目標に掲げたが、消費税導入で支持率は低下。一九八八年に発覚したリクルート事件によって国民の政治への不信感が強まり、内閣総辞職に追い込まれる。

池上コメント

竹下といえば、何といっても消費税の導入でしょう。大正天皇から昭和天皇に変わる一九二六年、時の首相は若槻礼次郎で、若槻も島根県選出です。なぜか元号が変わるときの首相は島根県選出だと当時言われたものでした。

大平総理のときに「売上税」という、いわゆる間接税の導入が検討されて選挙に臨みますが、自民党は敗北します。中曽根の時代に、やはり間接税は必要だということになりますが、中曽根は「幅広くあらゆるものに税金をかけるような大型間接税の類はやらない」という言い方をして国民の反対を和らげようとします。それを引き継いだのが竹下で、遂に導入を決めますが、結局これで支持率は大幅に下がり、退陣につながっていきます。

七五代　宇野宗佑（うの そうすけ）

滋賀県　滋賀県全県区

内政力	★☆☆☆☆
外交力	★☆☆☆☆
演説力	★★★★☆
指導力	★☆☆☆☆

外交官を目指して、神戸商業大学（現在の神戸大学）に進むが、学徒出陣し、朝鮮半島北部に配属されていたところで終戦を迎える。二年間のシベリア抑留を体験。大学は中退する。一九五一年に滋賀県議会議員となり、河野一郎の秘書を経て一九六〇年の総選挙で無所属で立候補し、初当選。当選後自民党に入党し、のちに中曽根派に合流。

一九八九年六月、消費税導入とリクルート事件で退陣した竹下の後を受けて自民党総裁に選出され、首相に就任する。政治改革を目指すが、自らの女性スキャンダルや参議院選挙の敗北により、退陣。在職期間六八日という、史上四番目の短命内閣となった。

池上コメント

女性問題の話題しかないようなイメージになりましたが、実は文人でした。『ダモイ・トウキョウ』という自身のシベリア抑留の体験を書いた著書もあり、文章力はあるし字がきれい。歌を詠んだりする風雅なところがありました。女性問題さえなければ、というしかありませんが、本人の品性が出てしまうようなスキャンダルでしたから、自業自得でしょう。

七六代〜七七代
海部俊樹（かいふ としき）　愛知県　愛知県第三区

内政力 ☆☆★★★
外交力 ☆☆☆★★
演説力 ☆★★★★
指導力 ☆☆☆★★

学生時代から議員秘書を務め、一九六〇年の衆議院総選挙に出馬。当時二九歳という全国最年少の代議士となり、「ネオ・リーダー」と期待される。学生時代から師と仰ぐ三木武夫が首相の時代に官房副長官となる。福田、中曽根両内閣で文部大臣を歴任。

一九八九年、宇野内閣の退陣に伴う自民党総裁選挙で当選。ねじれ国会の衆議院で指名され、一方の参議院では社会党の土井たか子が指名されたが、衆議院の優越で首相となる。昭和生まれ初の総理大臣。

一九九一年、湾岸戦争では多国籍軍への一三〇億ドルの支援を決めるが、戦後、クウェートが世界各国の新聞に掲載した感謝広告に日本の国名はなく、

「金だけ出して人を出さない」「アメリカの言いなりに無駄な戦費を拠出した」など と非難される。同年、小選挙区比例代表並立制の導入を目指したが、党内での同意が得られず、一〇月に退陣。

池上コメント

弁は立ちましたが、あまり内容のない人という印象でした。早稲田大学雄弁会出身で、演説は得意でした。選挙に出たときのスローガンは、「財布は落としても海部は落とすな」というものでした。三木派でクリーンなイメージでしたが、クリーンなだけだったという政治家でした。いつも水玉のネクタイをしていて、これが特徴でした。

政治家の資質でいうと、田中角栄のように金脈問題があるが力のある政治家がいいのか。クリーンだけど力のない海部のような政治家がいいのか。金にきれいで力のある政治家がいいに決まっていますが、そういう人は、なかなかいないのです。

七八代 宮澤喜一（みやざわ きいち）　東京都　広島地方区

内政力	☆☆★★★
外交力	☆★★★★
演説力	☆☆★★★
指導力	☆☆★★★

一九四二年、東京帝大卒業後、大蔵省に入省。池田勇人の秘書官として政界入りする。英語が堪能で、サンフランシスコでの対日講和会議に全権随員として参加する。一九五三年参議院広島地方区で自由党から出馬して初当選。その後衆議院に転身。一九六二年池田勇人内閣で経済企画庁長官として初入閣、以来官房長官、通産相、外相、蔵相を歴任する。吉田茂、池田勇人以来の保守本流の路線を歩み、鈴木善幸の後、宏池会を率いて政権獲得を目指すが、一九八七年、竹下登に敗れる。

竹下内閣の蔵相時代に、リクルート事件の発生によって辞任。一九九一年、竹下派の支持を受けて首相に就任。一九九二年、国際連合平和協力法（ＰＫＯ協力法）を成立させたが、一九九三年、自民党の分裂、総選挙における過半数割れにより、総裁を辞任、八月に宮澤内閣は退陣した。

池上コメント

歴代総理大臣の中で最もインテリと言われています。日本の新聞はあまり読まず、『ニューヨーク・タイムズ』は、隅から隅まで読んでいたとか。

彼の英語は、学生時代、アメリカに渡った経験から独学で身につけたものです。英語が堪能というのはいいのですが、日米首脳会議でも通訳を入れなかったことで批判もされました。首脳同士の正式な会議では、いくら英語ができても通訳を入れなくてはなりません。やはり、母語ではありませんから、どれだけ十分に考え方が伝わっているかどうかわかりません。

一方で宮澤は、「権力は抑制的でなければならない」という強い信念を持っていた人で、そこが安倍晋三との大きな違いです。権力があればあるほど、余計に権力はなるべく使わないのが一番という考え方を持っていた人でした。

ときとして指導力不足だとも受け取られる面もありました。政治改革において、一九九三年五月の国会開会中、テレビ番組でジャーナリストの田原総一朗に決意を問われ、「小選挙区比例代表制度導入をこの国会でやる。うそをついたことはない」と宣言してしまいます。

しかし、自民党内をまとめることができませんでした。「うそつき総理」という名前もつき、解散総選挙の末に退陣することになりました。

七九代

細川護熙（ほそかわ もりひろ）　東京都　全国区

内政力	★★★★☆
外交力	★★★☆☆
演説力	★★★★★
指導力	★★★☆☆

上智大学卒業後、朝日新聞社に入社。新聞記者生活を経て、一九七一年自民党から衆議院に全国区で出馬して初当選。一九八三年、熊本県知事に当選。県知事を八年務めた後に、中央政界に復帰する。

一九九二年、日本新党を結成して代表に就任。日本新党は、自民党が分裂した一九九三年の衆院選で大量当選を果たし、自民党からの政権交代を実現させた。同年、内閣総理大臣に就任する。政治改革関連法案を掲げて七〇パーセント以上の支持率を得たが、消費税を三パーセントから七パーセントに引き上げる国民福祉税構想で勢いを失う。東京佐川急便からの一億円借り入れ問題を追及され、一九九四年四月、内閣は総辞職する。

池上コメント

第一党だった自民党が過半数割れになり、小沢一郎が、共産党を除いても、自民党以外の党で過半数になるということに気づき、連立を画策しました。日本新党の党首だった見映えのいい細川をトップに据えて、反自民連立内閣をつくる。これは「憲政の常道」に反することでした。つまり国民はあのとき細川連立政権を選んではいなかったのです。自民党が第一党だったということは、国民の多くは自民党政権の継続を望んでいたはずだったからです。

でも、細川の「政治改革」は、長期間の腐敗した自民党政治からの脱却に見え、支持率を上げました。政治改革を通して「小選挙区比例代表並立制」を実現させますが、実は大政党に有利な自民党案を丸呑みしていました。

政界を引退後、二〇一一年三月に東京電力福島第一原子力発電所の事故が起きると、反原発運動を展開。「反原発」を旗印に二〇一四年二月の東京都知事選挙に立候補しますが、落選しました。

八〇代　羽田孜（はたつとむ）　東京都　長野県第二区

内政力	外交力	演説力	指導力
☆☆☆☆★	☆☆☆★★	☆☆★★★	☆☆☆☆★

衆議院議員だった父武《ぶ》嗣郎《しろう》の地盤を継いで、一九六九年一二月、自民党から立候補し初当選する。自民党では田中派、竹下派に属した。一九八五年に第二次中曽根改造内閣で農林水産大臣として初入閣。一九八八年の竹下内閣でも、農林水産大臣を務め、牛肉オレンジ交渉など、日米農産物交渉の解決に功績を挙げた。

一九九一年の宮澤喜一内閣では大蔵大臣を務め、その後も要職を得たが、「佐川急便事件」に端を発する竹下派の分裂で、小沢一郎などと自民党を集団離党し、一九九三年に新生党を結成する。新政党は新党ブームで躍進し、最大議席五五議席を獲得する。

一九九四年、細川退陣後、後継首相に推されるが、与党第一党である社会党が連立を離脱。首相に就任するが多数派を形成できず、在任六四日で退陣。

池上コメント

一九九四年四月、細川内閣の総辞職で羽田孜が首相になりますが、連立の中で社会党が反対します。連立政権で何かをしようとすると、いつも社会党が反発し、意見がまとまりません。そこで社会党抜きのグループをつくろうとして「改新」という会派ができましたが、これに対し、のけ者にされた社会党は怒ります。その結果、社会党が連立から飛び出すことになります。社会党には、策略をめぐらす小沢一郎への反発がありました。

これに目をつけたのが自民党です。社会党が反自民連立内閣から飛び出してきたならば、社会党に声をかけてでも、再び政権をとろうというわけです。自民党は、首相の座を社会党に譲ってもいいから、連立を組もうと持ちかけます。接着剤は、小沢嫌いの武村正義率いる新党さきがけでした。こうして、自民、社会、さきがけの連立ができてしまうのです。政権奪回のためには社会党とでも連立を組むという、この自民党の節操のなさに、国民は驚きました。

八一代
村山富市（むらやま　とみいち）　大分県　大分県第一区

内政力	★★★☆☆
外交力	★★★☆☆
演説力	★★★☆☆
指導力	★★★☆☆

一九四三年、明治大学専門部に入学し、学徒出陣を体験。大分県職員労働組合で労働運動に取り組み、大分市議会議員、大分県議会議員を経て、一九七二年一二月、衆院選挙に日本社会党から立候補して、トップで初当選する。細川連立政権が成立した翌年の一九九三年、党委員長に選出される。翌年、新生党などと対立が生じ、社会党は連立を離脱。

一九九四年六月、羽田孜内閣退陣ののち、自民、社会、新党さきがけの連立により総理に就任。片山哲内閣以来、四六年ぶりの社会党党首による内閣が誕生する。自衛隊合憲、日米安保堅持など、社会党の基本政策を転換。一九九五年の戦後五〇年にあたり、日本の植民地支配と侵略を謝罪した「村山談話」を発表する。一九九六年一月辞任。同月、社会党は社会民主党と改称、村山はその初代党首に就任した。二〇〇〇年に政界を引退。

池上コメント

村山の社会党が政権の座につくと、あの五五年体制とはいったい何だったのだろうかと、国民の政治不信が一気に高まります。

所信表明演説で村山は、自衛隊は憲法違反ではなく、日米安保条約は「堅持する」とまで発言してしまいます。自衛隊は憲法違反、日米安保は破棄すべきだと主張し続けてきた社会党でしたから、このいきなりの方向転換に国民は唖《あ》然《ぜん》としてしまいます。社会党の崩壊はここから始まります。

さらに方針転換したのだから党名も変更すべきだということになり、社会民主党に改名します。こうして総理大臣を出したことによって社会党は消えていったのです。

中曽根は、国会議員になったときから、自分が総理大臣になったら何をやりたいかということを大学ノートにひたすら書き続けていたといいます。一方村山は、首相になる気などまるでありませんでした。最後の党首選挙のときも、「もう年だから」と引退を表明していましたが、「後任が見つからないのでもう一度だけ」と推されて党首を引き受けたのです。そうしたところに自民党、新党さきがけとの連立が成立し、首相になることになってしまいました。「総理大臣になろうと思ったこともなければ、なれると思ったこともなかった。だが首班指名選挙で選ばれれば、私はできませんと言う訳にはいかないから」と述べています。

歴史的意味があるのは、過去の日本による侵略と植民地支配を謝罪する「村山談話」でしょう。しかし政権を投げ出し、結果的に自民党の政権復帰をやすやすと許すことになります。この歴史的な責任は重いでしょう。

八二代〜八三代
橋本龍太郎

（はしもと りゅうたろう）　東京都　岡山県第二区

内政力	☆★★★★
外交力	★★★★★
演説力	☆★★★★
指導力	☆★★★★

慶應義塾大学卒業後、一九六〇年に呉羽紡績に就職したが、父の急逝に伴い、その後継として一九六三年の衆議院総選挙に出馬。二六歳の若さで初当選。当時最年少議員として注目された。一九七八年、大平内閣で厚生大臣として初入閣。厚生大臣時代は、スモン訴訟の和解に尽力。以後、運輸大臣、大蔵大臣、通産大臣など、主要閣僚を歴任する。

中曽根内閣の運輸大臣として、国鉄分割民営化を手がけ、一九九五年には通産大臣として日米交渉にあたった。党内では、竹下派を中心とする創政会結成に参加し、中心的な役割を果たす。

一九九六年一月、村山富市総理退陣後、自民、社会、新党さきがけの連立政権を率いて内閣総理大臣に就任。行政改革の必要性を訴え、首相直属の「行政改革会議」を設置して、中央省庁半減を断行する。一九九八年七月、消費税の税率（五パーセント）引き上げや金融・証券業界の経営破綻などに批判が高まり、参議院選で自民党は惨敗し、その責任をとって辞任した。

池上コメント

衆議院議員に初当選し国会に初登院した際、母親を同伴して話題を呼びました。いや、正確に言えば顰蹙《ひんしゅく》を買いました。

ダンディでスタイルに気を使う一方、負けん気が強いところが目立ちましたが、涙もろいところもありました。

南米ペルーの日本大使館が過激派に襲撃され、多数が人質になった事件では、対応に当たる外務省職員に自ら銀座・木村家のあんパンを大量に差し入れ、「アンパン総理」などと言われたこともありました。

八四代 小渕恵三（おぶちけいぞう）

群馬県　群馬県第三区

内政力	★★★★★
外交力	☆☆★★★
演説力	☆☆★★★
指導力	☆★★★★

衆議院議員であった父の死後、政治家を目指す。一九六三年の総選挙で衆議院初当選。一九七九年、大平正芳内閣の総理府総務長官・沖縄開発庁長官とし

て初入閣する。一九八七年に竹下内閣の官房長官となり、一九八九年一月、「平成」の元号発表会見で注目を集めた。一九九一年四月、自民党幹事長に就任。一九九二年一〇月の竹下派分裂では派閥会長となる。一九九七年第二次橋本龍太郎内閣で外相となり、カナダのオタワで、対人地雷全面禁止条約に署名、その功績が世界的に評価された。

一九九八年、自民党の参議院選挙敗北と橋本退陣を受けて自民党総裁に就任し、首相に指名される。一九九九年一月、自民党単独だった小渕内閣を改造し、自由党との連立政権を発足。同年一〇月には、公明党を加えた三党連立による第二次改造内閣を発足させたが、二〇〇〇年四月に自由党が連立を離脱。その直後に脳梗塞で倒れ、内閣は総辞職した。地盤を引き継いで国会議員になった小渕優子は次女。

池上コメント

なにかと目立つ橋本龍太郎の後、小渕内閣の出だしの支持率は低く、「真空総理」と言われたりしました。その評価を変えさせたのが、有名になった「ブッチホン」です。何かあったらすぐ関係者や知人に電話して、相談をしたのです。「小渕です」と総理本人から突然電話がかかってくるのです。こうして力のある人材を周りに集め、仕事を任せることに長けていました。じりじり評価が高まる総理というのも非常に珍しいケースですが、支持率が高くなってきたところで、脳梗塞に倒れてしまいました。

八五代〜八六代
森 喜朗（もり よしろう）

石川県　石川県第一区

内政力	★★☆☆☆
外交力	★★☆☆☆
演説力	★★☆☆☆
指導力	★★☆☆☆

一九六〇年、早稲田大学卒業。雄弁会では小渕恵三の二年先輩にあたる。日本工業新聞記者、国会議員秘書を経て、一九六九年の総選挙で初当選。一九八三年、中曽根内閣で文部大臣として初入閣。通産大臣、建設大臣を歴任。一九九八年に発足した小渕恵三内閣では、自民党幹事長に就任する。

二〇〇〇年四月、小渕の急病により、党総裁に指名されて首相となる。小渕内閣を引き継ぐかたちで公明党との連立を継承。同年に第二次森連立内閣を組閣する。任期を通して支持率は低く、二〇〇一年四月に退陣。二〇二〇年の東京オリンピック・パラリンピック競技大会組織委員会会長を務める。

池上コメント

緊急入院した小渕首相の後を継ぐかたちでの就任だったため、「なぜ森喜朗なのか」という声が最初からありました。就任早々「日本は天皇を中心とした神の国」と発言し、物議をかもすと、たちまち支持率が下がりました。一方で、森喜朗は座談の名手と言われます。話題も豊富で、場をもたせるのは天下一品です。町内会長だったら、素晴らしかったのではないでしょうか。記者たちとは関係が悪く、一言も口をきかないことさえありました。マスコミとの関係は最後まで修復されませんでした。

八七代〜八九代

小泉純一郎（こいずみ　じゅんいちろう）

神奈川県　神奈川県第二区

内政力	★★★★★
外交力	★★★★★
演説力	★★★★★
指導力	★★★★★

慶應義塾大学卒業後、福田赳夫元首相の秘書となり、一九七二年の総選挙で初当選。一九八八年、竹下登内閣で厚生大臣として初入閣。郵政大臣などを歴任。

二〇〇一年四月の自民党総裁選で総裁に選出され、同月、内閣総理大臣に就任する。二〇〇二年九月、北朝鮮の平壌で金正日総書記と初の日朝首脳会談。日朝平壌宣言に署名した。二〇〇三年一一月、自民党総裁に再選され、第二次小泉内閣を発足させた。二〇〇四年五月に再び訪朝、金正日との会談で日朝双方が日朝平壌宣言を履行することなどを確認、このとき拉致被害者の家族八人のうちの五人の日本帰国を実現させる。

郵政事業の民営化については、二〇〇五年七月に郵政民営化関連法案を国会に提出したが、同年八月参議院で自民党反対派の造反により否決されると、衆議院を即日解散。郵政民営化を最大の争点に掲げて、選挙活動を展開し、衆議院選挙での自民党圧勝へと導いた。選挙後は郵政民営化法案の早期成立のため全閣僚再任で第三次小泉内閣を組閣、第八九代内閣総理大臣に就任した。二〇〇六年八月一五日には靖国神社を参拝。現職総理大臣の参拝は、一九八五年の中曽根康弘以来のこと。二〇〇六年九月二六日、党総裁の任期満了により退任。五年五か月にわたる長期政権は、戦後では佐藤栄作、吉田茂に次いで歴代三位。祖父、父ともに国会議員。次男の小泉進次郎も自民党所属の衆議院議員。

池上コメント

一九九八年の自民党総裁選挙で、田中眞紀子が、小渕恵三を「凡人」、梶山静六を「軍人」、小泉純一郎を「変人」と称しました。見事なネーミングでした。その変人が総理になったのです。小泉といえば、郵政民営化と拉致問題です。日朝平壌宣言を実現させ、金正日に拉致問題を認めさせました。拉致被害者の五人を連れ帰り、さらにその家族も連れ戻すことができたという功績は大きいですね。

政界引退後は、細川護熙とともに反原発運動を展開しています。

内政力	☆☆☆★★
外交力	☆☆★★★
演説力	☆☆☆★★
指導力	☆☆☆☆★

九〇代　安倍晋三（あべ　しんぞう）　東京都　山口県第一区

父は、元外務大臣安倍晋太郎。祖父は元衆議院議員の安倍寛、母方の祖父が元首相の岸信介、大叔父が元首相佐藤栄作という政治家一族の生まれ。成蹊大学卒業後、神戸製鋼に勤務したが、一九八二年、父である安倍晋太郎外務大臣の秘書官となる。一九九三年七月、死去した父の地盤を引き継いで総選挙に出馬し当選する。北朝鮮による日本人拉致問題に取り組み、二〇〇二年九月、平壌での日朝首脳会談に小泉首相に同行して五人の拉致被害者の帰国実現に尽力した。

二〇〇三年九月、自民党幹事長に就任し、同年一一月の総選挙で陣頭指揮をとる。二〇〇五年、第三次小泉内閣の官房長官として初入閣を果たす。二〇〇六年九月、小泉総裁の退陣を受けて自民党総裁選挙に出馬し、自民党総裁に就任。総裁選挙では憲法改正の実現、教育基本法の改正を含む教育改革などを公約に掲げ、「保守の再構築」や「戦後レジームからの脱却」を基本的な政治姿勢とした。二〇〇六年一二月には教育基本法の改正、二〇〇七年五月には国民投票法を成立させた。

二〇〇七年七月の参議院議員選挙では自民党が大敗したものの続投を表明。八月に改造内閣を発足させたが、同年九月に健康問題から辞意を表明、総辞職した。

池上コメント

日朝首脳会談で、安倍晋三が「ちゃんと被害者と家族を連れて帰れないならもう妥協しないで帰りましょう」と、強硬な主張をしたことがきっかけで人気が出るわけですね。小泉も安倍には目をかけていて、安倍をいずれ総理大臣にしたいという思いもあったようです。それで、官房副長官として北朝鮮に連れていったわけです。

総理大臣になるには、財務大臣や経済産業大臣、官房長官などの要職を歴任することが必要だと言われていますが、安倍はその経験がほとんどないまま総理大臣になります。小泉によって抜擢されましたが、閣僚としての経験のなさもあり、身体をこわして政権を手放すことになります。

第一次安倍政権は、「お友達内閣」と称されました。同じ政策グループの塩崎恭久を官房長官にします。塩崎は東大卒で元日銀の職員。さらにハーバードの大学院まで修了していて人気もありました。ですから首相の安倍を支えていこうという様子が見えず、党内や野党との根回しもほとんどしなかったようです。第一次安倍政権が短命に終わった理由の一つに、塩崎を官房長官にしたことが挙げられるでしょう。

九一代
福田康夫

（ふくだ　やすお）　東京都　群馬県第三区

内政力	★★★★☆
外交力	★★★☆☆
演説力	★★★☆☆
指導力	★★★☆☆

父は首相を務めた福田赳夫。早稲田大学卒業後、丸善石油に就職するが、一九七六年に退社。父の秘書を経て、一九九〇年二月の衆議院議員選挙で初当選。一九九五年八月、村山内閣の外務政務次官に就任し、一九九七年に自民党副幹事長となる。二〇〇〇年一〇月、森喜朗内閣の官房長官として初入閣。その後、小泉内閣でも官房長官を務めた。二〇〇七年九月、安倍晋三自民党総裁の突然の辞意を受けて、総裁選挙に出馬。第二二代自民党総裁に就任し、内閣総理大臣となる。

参議院で野党が多数を占める「ねじれ国会」の中、民主党との大連立に失敗。二〇〇八年六月の通常国会終盤では首相問責決議案が参議院本会議で可決されるが、翌日には衆議院本会議で内閣信任決議が可決。福田内閣は継続されたが求心力の低下を招くことになる。内閣改造を行い、「安心実現内閣」と命名したが、内閣支持率は上昇せず、九月に辞任を表明し、内閣総辞職した。

池上
コメント

第六七代総理大臣であった福田赳夫の長男で、親子二代の就任は史上初のことです。頭角を現したのは、森、小泉の二つの内閣で官房長官を務めたあたりから。例えば、小泉政権で、外務大臣にした田中眞紀子を更迭せざるをえなくなったときも、背後で見事に調整したのが福田康夫でした。名官房長官だったといえるでしょう。

しかし、総理大臣になってからは、二〇〇八年の洞爺湖サミットくらいしか印象に残っていません。官房長官が器に合った人だったのかもしれないですね。辞任記者会見のとき、「無責任ではないか」と記者に言われて「私は自分自身を客観的に見ることができる。あなたと違うんです」と言ったことで話題になりました。

九二代
麻生太郎（あそう　たろう）

福岡県　福岡県第二区

内政力	☆★★★★
外交力	★★★★★
演説力	☆☆★★★
指導力	☆☆★★★

福岡県生まれ、祖父は吉田茂。一九六三年学習院大学卒業後、スタンフォー

ド大学、ロンドン大学に留学。実家の事業である麻生産業に勤務し、ブラジルやシエラレオネに赴く。帰国後、父の経営していた麻生セメントの社長に就任。一九七九年、衆議院議員選挙に初当選する。一九九六年、第二次橋本内閣の経済企画庁長官として初入閣。小泉内閣では総務大臣、外務大臣を歴任。

四度目の総裁選出馬で自民党総裁となり、二〇〇八年、総理大臣に就任。外交通として知られる。二〇〇八年、消費税を一〇パーセント台に引き上げることを表明したが、内閣支持率が低迷したため、自民党内では「麻生降ろし」の動きが高まる。二〇〇九年七月二一日に衆議院を解散、総選挙に臨んだ。しかし総選挙での自民党の歴史的敗北の責任をとり、八月三〇日に事実上の退陣表明を行い、内閣総辞職。

池上コメント

安倍内閣のとき、麻生太郎は外務大臣に就任します。そのとき彼は、ヨルダン、イスラエル、パレスチナ自治区などを訪問し、二〇〇七年には初めて閣僚級四者会談を実現させたりと、「平和と繁栄の回廊」の名で、中東にさまざまな支援活動を行いました。外交通と言われますが、その評価は海外の方が高いようです。あまり知られてはいませんが、パレスチナの人たちからも高い評価を得ています。適材適所という意味では、彼はむしろ総理より外務大臣の方が向いていたのではないかと思います。国際感覚も優れていましたから。

余談ですが、麻生は漫画の『ゴルゴ13』が好きで、彼の国際感覚はこれで身についた、とも言われました。それを聞いた中曽根康弘が『ゴルゴ13』を取り寄せてみたそうですが、読み終わって一言、「ばかだな」と言ったとか。

総理になってからは、漢字の読み方を間違えることが多く、「漢字が読めない総理」と酷評されました。

九三代　鳩山由紀夫（はとやま ゆきお）

東京都　北海道第四区

内政力	☆☆☆☆★
外交力	☆☆☆☆★
演説力	☆★★★★
指導力	☆☆☆★★

祖父は首相であった鳩山一郎、父は外務大臣を務めた鳩山威一郎で、弟の鳩

山邦夫も衆議院議員。東大工学部卒業後、スタンフォード大学に学ぶ。東京工業大学助手、専修大学助教授を経て、一九八六年、自民党で衆議院議員選挙初当選。一九九三年六月、離党して、武村正義らと新党さきがけを結党し、幹事長に就任。同年八月、細川護熙内閣で官房副長官を務める。

一九九六年九月、菅直人らと民主党を結党する。菅とともに共同代表に就任し、一九九七年に幹事長に。一九九八年四月にあらたに結成された民主党で、一九九九年九月に代表に就任する。二〇〇二年一二月、自由党との連携をめぐる党内の混乱で辞任に追い込まれる。

二〇〇九年五月、小沢一郎が献金疑惑問題で代表を辞任すると、後継代表選で岡田克也を制して民主党の代表に。二〇〇九年八月の総選挙で民主党は圧勝して、政権交代を実現させ、九月に内閣総理大臣に就任。社会民主党、国民新党との連立で鳩山由紀夫内閣を発足させた。

「脱官僚依存」を強調し、子ども手当の創設などのマニフェスト実現を表明した。二〇一〇年、政治資金問題や沖縄の普天間基地移設問題での発言が国民の批判を招き、内閣支持率が低下するなか、同年六月八日、首相を辞任した。

池上コメント

鳩山由紀夫内閣は、戦後初めての本格的な政権交代によって誕生しました。本格的というのは、連立によって得た政権ではなく、民主党が自民党に圧勝して生まれた内閣だったからです。

沖縄問題は、野党時代から鳩山が取り組んできたものですが、結局これが命取りとなります。鳩山は普天間基地の「県外、もしくは国外移設」を主張してきました。しかし、辺野古に移設という話はずっと続いてきて、政府も多額のお金をつぎ込み、いくつも関連施設ができていました。辺野古でも、内心やむをえないかと思っていた人はいたはずです。

ところが鳩山は、移転先の見通しがまったく立たないまま唐突に「最低でも県外」と言い出します。そう言うからには、話がついているのかと思ったら、本当に何も考えていなかったのです。そして降ってわいたように、徳之島が候補地に浮上します。このとき、平野博文官房長官が急遽徳之島に飛ぶことになりました。保守系の議員たちを中心に基地を誘致しようという話もたしかにありましたが、その一方で、反対の声も大きく、結局根回しがないものですから実現不可能になりました。そうすると鳩山は、「沖縄にアメリカ軍は必要だ。学べば学ぶほど、連携し抑止力を維持していることが分かった」と言い出す始末です。

鳩山が総理大臣になってすぐ、私は彼のことを「上書き総理」と名づけました。ワープロ・ソフトの入力で、上書きか挿入かを選択し、上書きを選ぶと、以前のものが消えてしまいますね。鳩山が誰かに会い、その人の話を聞いて納得すると、「そのとおりですね、そうしましょう」となります。その後、別の人に意見を聞いて「いや、そうではなく、こうですよ」と言われると、「ああ、そのとおりですね」となる。こうして以前の意見はなくなり、上書きされていく。更新されるんですね。本当に「上書き総理」でした。

九四代
菅直人（かんなおと）　山口県　東京都第七区

内政力	☆☆☆★★
外交力	☆☆☆★★
演説力	☆☆☆★★
指導力	☆☆☆☆★

　東京工業大学時代、全学ストライキになって四年生の卒業が危なくなると、ストライキを中止させる運動を展開し、政治的活動に頭角を現す。市民運動を経て、一九八〇年の総選挙で社会民主連合から立候補し、衆議院議員に初当選する。一九九六年橋本龍太郎内閣の厚生大臣として初入閣。薬害エイズ訴訟で原告との和解に尽力する。一九九六年、民主党を結成し、鳩山由紀夫とともに代表に。一九九八年、改めて別組織の民主党を結党し、党首に就任。その後二〇〇二年一二月に鳩山代表の辞任により再び代表に。二〇一〇年六月、鳩山首相の後を受け、民主党代表、内閣総理大臣に就任。「最小不幸社会」の実現を掲げたが、「ねじれ国会」による政権運営、同年九月に起きた尖閣諸島での漁船衝突事件など、困難が続く。

　二〇一一年、東日本大震災とそれに伴う東京電力福島第一原子力発電所事故の発生などにより災害対策が最重要課題となる。この状況下で自由民主党に大連立を呼びかけたが不調に終わり、二〇一一年、八月二六日に民主党代表の辞任を発表し、九月二日に内閣総理大臣を退任した。

池上コメント

なるつもりがないのに総理大臣になって困った人もいますが、菅直人は総理大臣になること自体が目的としか思えませんでした。ですから総理大臣になったことで、目的は達成されてしまったんですね。「総理になったら何をやろう」というのがなかったのではないでしょうか。

東京電力福島第一原子力発電所の事故対応にあたっては、その功罪について、いまでもいろいろな意見があります。菅直人がいたことによって福島の原発を余計ひどいものにしたという人もいれば、実は菅直人によって効果的な対策がとられたと評価する人もいるのです。本当のところは、いまだにはっきりしていません。

九五代
野田佳彦（のだよしひこ）　千葉県　千葉県第一区

内政力	☆★★★★
外交力	☆☆★★★
演説力	★★★★★
指導力	★★★★★

一九八〇年、早稲田大学卒業。松下政経塾の第一期生。千葉県議会議員を経て、一九九二年の日本新党結成に参加し細川護熙を補佐する。一九九三年、日本新党から衆議院議員総選挙に出馬し、初当選する。

一九九四年一二月、新進党の結党に参加するが、小選挙区比例代表並立制が導入された一九九六年の衆議院議員総選挙で落選。その後、新進党を離党し、民主党に入党する。

二〇〇〇年の総選挙で民主党公認で当選し、国政復帰を果たす。

二〇〇九年五月に鳩山代表のもとで幹事長代理に就任し、鳩山内閣では財務副大臣を務める。二〇一〇年六月に発足した菅直人内閣では、財務大臣に就任。

二〇一一年八月の民主党代表選に出馬し、海江田万里との決選投票に勝ち第九代の民主党代表となる。八月三〇日の衆参両院での首班指名選挙において内閣総理大臣に指名される。二〇一二年一一月に衆議院を解散して総選挙に臨んだが、民主党は大敗し、党代表を辞任、内閣総辞職した。

池上コメント

責任感が強く、日本の財政状態に危機感を持っていた人です。二〇一二年に消費増税法案が閣議決定されたときは、「政治生命をかける」と見栄をきりました。そんなことを言えば選挙で負けるとわかっていましたが、たとえ選挙で負けて民主党が政権を失っても、日本のためならばそれでもいいという覚悟のあった人です。

一票の格差を埋める選挙制度改革もやるべきである。そのためなら安倍と「刺し違え」てもいいと、党首討論で発言します。野田の民主党内での評判は散々なのですが、テレビ東京の選挙特番で政治記者たちに最も評価できる総理大臣は誰かと、アンケートをとったところ、非常に評判が高かった総理でした。もし自民党の長期政権時代に野田が自民党の総理大臣になっていたら、名総理大臣になったのではないかと思います。

九六代〜九八代
安倍晋三（あべ　しんぞう）　東京都　山口県第一区

内政力	☆★★★★
外交力	★★★★★
演説力	☆☆★★★
指導力	☆★★★★

二〇一二年九月に行われた自民党総裁選挙に出馬し、次点となるが、決選投票で石破茂を逆転して選出される。首相経験者による自民党総裁再選は党史上初のこと。一二月の衆議院議員総選挙後に民主党の野田佳彦にかわって第九六代内閣総理大臣となり、第二次安倍内閣を発足させた。

二〇一二年一二月の衆院選と二〇一三年七月の参院選で自民党は大勝し、衆参両院のねじれ国会が解消。これにより、「決められない政治」からの脱却が可能になり、新政策を打ち出す。二〇一三年一〇月、消費税を五パーセントから八パーセントに引き上げることを決定し、一二月には外交や安全保障に関する機密情報を守るための「特定秘密保護法」を成立させる。エネルギー政策においても、民主党時代の「脱原発」から「原発推進」へと方向転換させる。

二〇一九年、消費税を一〇パーセントに引き上げたが、二〇二〇年九月、病気のため辞任を余儀なくされた。

池上コメント

一度は病気で失意のうちに総理の座を投げ出しましたが、この挫折により、強い政治家に成長しました。憲法改正が悲願ですが、九条の改正が難しいと見ると、集団的自衛権の行使は可能であると憲法解釈を変更します。いわば「解釈改憲」をやってのけたのです。
自民党の総裁任期は一期が三年で連続二期までとなっていますが、党則を変えて、もう一期務め、歴代総理としては史上最長を記録しましたが、二〇二〇年九月、持病の再発により再び辞任しました。

おわりに

「民主主義」を表す英語のデモクラシー（democracy）は、もとはギリシア語のdemocratiaという語で、「人民」（demos）と「権力」（kratia）という二つの語が合体したものです。つまりは人民が権力を持ち、人民のために権力を行使する政治思想や政治形態をいいます。

民主主義が日本にもたらされたのは、第二次世界大戦後のことでした。世界には革命や、政治運動によって民主主義を勝ち取った国もありますが、日本の場合、敗戦によって、憲法とともにアメリカからもたらされたものでした。戦後、日本は荒廃の中から奇跡と呼ばれる復興をとげ、政治的にも、民主主義が根を下ろした国になりました。

しかし、急速な民主化は「民主主義のパラドクス」を生むことがあります。民主化が急進すると、過激な思想を持つ勢力が誕生して拡大することがあります。それを「民主主義のパラドクス」と呼びます。例えば、ナチ党を生んだ第二次世界大戦前のドイツがそうですし、パレスチナにおいても、アメリカの圧力で民主的な選挙を行った結果、イスラム原理主義勢力のハマスが力を持つようになりました。

これが日本に起こらなかったのは、長い封建社会が崩壊して明治維新を迎え、軍国主義や大正デモクラシー、共産主義など、さまざまな思想や社会を経験していたためかもしれません。

しかし、日本に持ち込まれた民主主義は、確たる理想を持たないまま、国民の生活形態や環境に合わせるように「日本の民主主義」になっていきました。拝金主義、天下り、隠ぺい工作、議員の世襲、公約違反。どれも日本独特のものではありませんが、主権が人民にあるとは思えない事象が「日本の民主主義」には付随しています。

本文でも述べましたが、これらがはびこる原因は、政治家だけにあるのではありません。国民が、自ら議会に送った代表の行動を、ちゃんと監視していないことにも大きな原因があるといえます。国民が代表たちの行動に無関心になれば、彼らが国民より自分たちのことを優先させてしまうのは、当然のことかもしれません。そしてついには、「高市発言」のようなことが起こってしまいます。

「税金は国のかたちを決める」と言いますが、国は「お金が足りない」と訴え、国民は「税金を払いたくない」と応える。「ならば国民の名前で借金しますよ」。これでは日本の将来が見えないばかりか、負の遺産を残してしまうことになります。ここにも国民の監視が必要です。税金がどのように使われているのかを知り、無駄をどう省いていくのか、どこに新たな税金が求められているのかを代表者たちに議論してもらわなければなりません。

「日本の民主主義」は、戦後の日本に適応しつつかたちをつくってきましたが、国民が権力を持ち、国民のためにその権力を行使するという、本来の民主主義に近づいているとはなかなか思えません。

われわれ国民が、民主主義社会を構成する一員であるという自覚を持ち、代表者や議会の行動に関心を示すことが、「日本の民主主義」をあるべき方向に向けるために、そして将来の日本が不幸な国にならないために、求められています。

二〇二一年一月

ジャーナリスト・名城大学教授　池上　彰

主要参考文献

・青井未帆『憲法と政治』岩波新書、二〇一六年
・朝尾直弘ほか編『岩波講座　日本通史 第20巻』岩波書店、一九九五年
・朝日新聞社経済部『昭和経済50年』朝日新聞社、一九七六年
・新崎盛暉『沖縄現代史』岩波新書、一九九六年
・飯田経夫ほか『現代日本経済史　上下』筑摩書房、一九七六年
・五百旗頭真『20世紀の日本3　占領期』読売新聞社、一九九七年
・五百旗頭真『日本の近代6　戦争・占領・講和』中央公論新社、二〇〇一年
・伊ケ崎暁生『わたしたちの教育戦後史』新日本新書、一九九一年
・石川真澄『人物戦後政治』岩波書店、一九九七年
・伊藤茂『動乱連立』中央公論新社、二〇〇一年
・伊東光晴『アベノミクス批判』岩波書店、二〇一四年
・井村喜代子『現代日本経済論』有斐閣、一九九三年
・岩見隆夫『岸信介』学陽書房、一九九九年
・岩見隆夫『田中角栄』学陽書房、一九九八年

・宇田川宏編『教育委員を住民の手で』岩波書店、一九九一年
・内野達郎『戦後日本経済史』講談社学術文庫、一九七八年
・NHK取材班『戦後50年その時日本は』全六巻、日本放送出版協会、一九九五～九六年
・江畑謙介『安全保障とは何か』平凡社新書、一九九九年
・大下英治『経世会竹下学校』講談社、一九九九年
・大嶽秀夫『日本政治の対立軸』中公新書、一九九九年
・大嶽秀夫編『政界再編の研究』有斐閣、一九九七年
・加藤陽子『それでも、日本人は「戦争」を選んだ』新潮文庫、二〇一六年
・門田隆将『死の淵を見た男 吉田昌郎と福島第一原発の五〇〇日』ＰＨＰ研究所、二〇一二年
・金森久雄『わたしの戦後経済史』東洋経済新報社、一九九五年
・神田文人『昭和の歴史8　占領と民主主義』小学館、一九八三年
・北岡伸一『20世紀の日本1　自民党』読売新聞社、一九九五年
・北岡伸一『自民党　政権党の38年』中公文庫、二〇〇八年
・草野厚『連立政権』文春新書、一九九九年
・草野厚『日米安保とは何か』ＰＨＰ研究所、一九九九年
・香西泰『高度成長の時代』日経ビジネス人文庫、二〇〇一年

・古関彰一『日本国憲法・検証1945―2000資料と論点　第5巻　九条と安全保障』小学館文庫、二〇〇一年
・後藤基夫ほか『戦後保守政治の軌跡　上下』岩波書店、一九九四年
・佐柄木俊郎『改憲幻想論』朝日新聞社、二〇〇一年
・堺憲一『日本経済のドラマ』東洋経済新報社、二〇〇一年
・坂井豊貴『多数決を疑う』岩波新書、二〇一五年
・阪田雅裕『憲法9条と安保法制』有斐閣、二〇一六年
・佐々木毅編著『政治改革1800日の真実』講談社、一九九九年
・佐瀬昌盛『集団的自衛権』ＰＨＰ研究所、二〇〇一年
・佐高信『失言恐慌』社会思想社、一九九五年
・佐高信『自民党と創価学会』集英社新書、二〇一六年
・佐藤昭子『決定版　私の田中角栄日記』新潮文庫、二〇〇一年
・佐藤優、山口那津男『いま、公明党が考えていること』潮新書、二〇一六年
・佐藤道夫『政官腐敗と東京地検特捜部』小学館文庫、二〇〇一年
・産経新聞「戦後史開封」取材班編『戦後史開封』シリーズ、扶桑社文庫、一九九九年
・ジェラルド・Ｌ・カーティス　木村千旗訳『日本の政治をどう見るか』日本放送出版協会、一九

九五年
・塩田潮『バブル興亡史』日経ビジネス人文庫、二〇〇一年
・柴垣和夫『昭和の歴史9　講和から高度成長へ』小学館、一九八三年
・島川雅史『アメリカの戦争と日米安保体制』社会評論社、二〇〇三年
・週刊金曜日編『安倍政治と言論統制　テレビ現場からの告発！』金曜日、二〇一六年
・白井聡『永続敗戦論』太田出版、二〇一三年
・砂原庸介『民主主義の条件』東洋経済新報社、二〇一五年
・竹内宏『金融敗戦』ＰＨＰ研究所、一九九九年
・竹内宏『昭和経済史』筑摩書房、一九八八年
・田勢康弘『総理の座』文藝春秋、一九九五年
・立花隆『ロッキード裁判とその時代1〜4』朝日文庫、一九九四年
・立花隆『田中角栄研究　全記録　上下』講談社、一九七六年
・立脇和夫『改正 日銀法』東洋経済新報社、一九九八年
・田中秀征『日本の連立政治』岩波書店、一九九七年
・田原総一朗『頭のない鯨』朝日新聞社、一九九七年
・都留重人『なぜ今、日米安保か』岩波ブックレット、一九九六年

・鶴見俊輔『戦後日本の大衆文化史』岩波書店、一九九一年
・寺林峻『吉田茂』学陽書房、一九九八年
・土志田征一『日本経済の宿題』ダイヤモンド社、二〇〇一年
・冨森叡児『素顔の宰相』朝日ソノラマ、二〇〇〇年
・豊下楢彦『安保条約の成立』岩波新書、一九九六年
・中曽根康弘、宮澤喜一『憲法大論争 改憲vs.護憲』朝日文庫、二〇〇〇年
・中野剛志『TPP亡国論』集英社新書、二〇一一年
・中村隆英『昭和経済史』岩波書店、一九八六年
・中村隆英『昭和史I・II』東洋経済新報社、一九九三年
・中村隆英『昭和を生きる』東洋経済新報社、二〇〇〇年
・中村政則『昭和の歴史2 昭和の恐慌』小学館、一九八二年
・西修『日本国憲法はこうして生まれた』中公文庫、二〇〇〇年
・西修『ここがヘンだよ！日本国憲法』アスキー、二〇〇一年
・西田亮介『メディアと自民党』角川新書、二〇一五年
・日経ビジネス編『真説 バブル』日経BP社、二〇〇〇年
・日本経済新聞社編『検証バブル 犯意なき過ち』日本経済新聞社、二〇〇〇年

・橋本寿朗『戦後の日本経済』岩波新書、一九九五年
・橋本寿朗ほか『現代日本経済』有斐閣、一九九八年
・秦郁彦『昭和史の謎を追う　上下』文藝春秋、一九九三年
・秦郁彦『現代史の争点』文藝春秋、一九九八年
・服部茂幸『アベノミクスの終焉』岩波新書、二〇一四年
・浜矩子『国民なき経済成長』角川新書、二〇一五年
・浜矩子『新・国富論』文春新書、二〇一二年
・早野透『連立攻防物語』朝日新聞社、一九九九年
・原彬久『戦後史のなかの日本社会党』中公新書、二〇〇〇年
・東谷暁『間違いだらけのＴＰＰ』朝日新書、二〇一一年
・福山哲郎『原発危機　官邸からの証言』筑摩書房、二〇一二年
・藤永幸治『特捜検察の事件簿』講談社現代新書、一九九八年
・藤原彰ほか『新版　日本現代史』大月書店、一九九五年
・船橋洋一『原発敗戦　危機のリーダーシップとは』文春新書、二〇一四年
・フランク・コワルスキー　勝山金次郎訳『日本再軍備』中公文庫、一九九九年
・保阪正康『昭和史がわかる55のポイント』ＰＨＰ文庫、二〇〇一年

・細谷雄一『安保論争』ちくま新書、二〇一六年
・本間龍『原発プロパガンダ』岩波新書、二〇一六年
・毎日新聞社編『20世紀事件史　歴史の現場』毎日新聞社、二〇〇〇年
・前田哲男『在日米軍基地の収支決算』ちくま新書、二〇〇〇年
・孫崎享『戦後史の正体』創元社、二〇一二年
・益川敏英『科学者は戦争で何をしたか』集英社新書、二〇一五年
・増田弘、土山實男編『日米関係キーワード』有斐閣、二〇〇一年
・待鳥聡史『代議制民主主義』中公新書、二〇一五年
・丸山眞男『現代政治の思想と行動　上下』未來社、一九五六〜五七年
・三浦まり『私たちの声を議会へ』岩波書店、二〇一五年
・三上治『1960年代論』批評社、二〇〇〇年
・三木義一『日本の税金　新版』岩波新書、二〇一二年
・水木楊『田中角栄』文春文庫、二〇〇一年
・水野均『検証　日本社会党はなぜ敗北したか』並木書房、二〇〇〇年
・宮本憲一『昭和の歴史10　経済大国』小学館、一九八三年
・村山富市『そうじゃのう…』第三書館、一九九八年

・森永卓郎『バブルとデフレ』講談社現代新書、一九九八年
・森信茂樹『日本の税制―何が問題か』岩波書店、二〇一〇年
・安井浩一郎、NHKスペシャル取材班『吉田茂と岸信介』岩波書店、二〇一六年
・矢部宏治『日本はなぜ、「基地」と「原発」を止められないのか』集英社インターナショナル、二〇一四年
・矢部宏治『日本はなぜ、「戦争ができる国」になったのか』集英社インターナショナル、二〇一六年
・山口二郎、石川真澄編『日本社会党　戦後革新の思想と行動』日本経済評論社、二〇〇三年
・山住正己『日本教育小史』岩波新書、一九八七年
・山本昭宏『核と日本人』中公新書、二〇一五年
・吉川洋『20世紀の日本6　高度成長』読売新聞社、一九九七年
・吉田和男『金融津波』PHP研究所、一九九八年
・吉見俊哉『ポスト戦後社会』岩波新書、二〇〇九年
・読売新聞社編『20世紀にっぽん人の記憶』読売新聞社、二〇〇〇年
・読売新聞政治部『小泉革命　自民党は生き残るか』中公新書ラクレ、二〇〇一年
・読売新聞政治部編『権力の中枢が語る自民党の三十年』読売新聞社、一九八五年
・渡辺孝『不良債権はなぜ消えない』日経BP、二〇〇一年

本書は、二〇一六年十月、書き下ろし単行本として
ホーム社より刊行されました。
文庫化にあたり、加筆修正をしました。

本文デザイン／高橋健二（テラエンジン）

集英社文庫

これが「日本《にほん》の民主主義《みんしゅしゅぎ》」！

2021年２月25日　第１刷
2021年４月12日　第２刷

定価はカバーに表示してあります。

著　者　池上《いけがみ》　彰《あきら》

発行者　徳永　真

発行所　株式会社　集英社
東京都千代田区一ツ橋2-5-10　〒101-8050
電話　【編集部】03-3230-6095
【読者係】03-3230-6080
【販売部】03-3230-6393（書店専用）

印　刷　凸版印刷株式会社

製　本　加藤製本株式会社

フォーマットデザイン　アリヤマデザインストア　　マークデザイン　居山浩二

ISBN978-4-08-744210-6 C0195